裁判員裁判において公判準備に困難を来した事件に関する実証的研究

平成27年度司法研究
 協力研究員
  東京大学大学院法学政治学研究科教授 川　出　敏　裕
 研　究　員
  広 島 家 庭 裁 判 所 所 長 判 事 吉　村　典　晃
   （委嘱時　千葉地方裁判所判事）
  前 橋 地 方 裁 判 所 判 事 國　井　恒　志
   （委嘱時　横浜地方裁判所判事）
  さ い た ま 地 方 裁 判 所 判 事 新　井　紅亜礼
   （委嘱時　東京地方裁判所判事）

まえがき

　この資料は，司法研究報告書第69輯第1号として，司法研修所から刊行されたものです。

　実務に携わる各位の好個の参考資料と思われるので，当局のお許しを得て頒布することといたしました。

平成30年12月

　　　　　　　　　　　　　　　　　　　　一般財団法人　法　曹　会

は　じ　め　に

　我々研究員が委嘱された平成27年度司法研究のテーマは，「裁判員裁判において公判準備に困難を来した事件に関する実証的研究」である。

　公判前整理手続及び期日間整理手続（以下，両者を特に区別することなく，「公判前整理手続」という。）は，公判準備の一種であるが，国民の期待に応える司法制度の構築の一環として，刑事裁判の充実・迅速化を図るため，刑事訴訟法等の一部を改正する法律（平成16年法律第62号）により，刑訴法第２編第３章第２節「争点及び証拠の整理手続」の中に創設され，平成17年11月１日から施行された。公判前整理手続の目的は，充実した公判の審理を継続的，計画的かつ迅速に行うために，事件の争点及び証拠を整理して，審理計画を定めることにある（刑訴法316条の２，316条の３参照）。他方，裁判員裁判は，司法の国民的基盤の確立の大きな柱として，裁判員の参加する刑事裁判に関する法律（平成16年法律第63号。以下，「裁判員法」という。）に基づいて導入され，平成21年５月21日から施行された。裁判を職業としない一般の国民に裁判員として参加してもらうためには，充実した迅速な審理が不可欠であるため，裁判所は，裁判員裁判の対象事件については，公判前整理手続に付さなければならない（裁判員法49条）とされている。

　このように，裁判員裁判と公判前整理手続は，その創設から密接に結び付きつつ，公判前整理手続は施行から12年，裁判員裁判は施行から９年が経過し，一定の実績を積み重ねてきたが，その中で，公判前整理手続の基本的な在り方という観点から見て，公判前整理手続では，何をどこまで整理すべきなのか，手続の主宰者である裁判所と訴訟追行の主体である検察官及び弁護人との役割分担はどうあるべきかなど，いくつかの運用上のあい路や問題点が明らかになってきた。

　このようなあい路や問題点の一つの現れは，公判前整理手続の長期化という問題である。裁判員裁判対象事件の平均審理期間は，平成25年，平成26年と短縮傾向が続いていたが，平成27年以降，自白・否認の別に関わらず，再び長期化しており，その要因は，自白・否認のいずれについても，審理期間の大半を占める公判前整理手続期間が再び長期化していることにある。すなわち，自白事件・否認事件の区別のない総数でみると，公判前整理手続の期間は，平成22年から平成24年にかけて，平均5.4月から7.0月へと長期化し，その後，平成25年は6.9月，平成26年は6.8月と高止まりの状況にあったが，平成27年には7.4月，平成28年には8.2月（自白事件6.5月，否認事件10.1月）となっており，再び長期化している。従前から，弁護人の予定主張の明示までに時間がかかることは指摘されていたが，予定主張記載書面が提出されてから公判期日指定に至るまでの期間が伸びていることも指摘されるようになっている。

　公判前整理手続については，平成24年12月に公表された「裁判員裁判の実施状況の検証報告書」（制度施行から平成24年５月31日までのデータに基づいて作成されたもの）においても長期化の問題が指摘され，早期の打合せや期日の仮予約など実務上様々な工夫が行

われているにもかかわらず、依然として抜本的な解決の道筋が見えてこない。公判前整理手続であれ、裁判員裁判であれ、一定の実績を積み重ねてきたのであるから、本来、法曹三者の習熟度に応じて、公判前整理手続の期間は短縮されるのが道理のように思われる。それにもかかわらず、公判前整理手続はむしろ長期化しているのであり、公判前整理手続の基本的な在り方という観点から、その原因・あい路とそれへの対応策が実証的に検討されなければならない。

公判前整理手続が長期化する根本的な原因は、争点及び証拠の整理が的確に行われていないことにあり、争点及び証拠の整理を的確に行うことが公判前整理手続の本質的な課題である。公判前整理手続の長期化という問題は、「当該事件の争点は何か、その争点を判断するために必要な証拠は何か」がきちんと決まるまでの期間が長すぎるのではないかという問題として捉えるべきであろう。例えば、「この点は争点ではない」とか、「この内容は公判審理で明らかになればよいことなので、争点の整理としてはこれ以上詰める必要がない」と判断するまでが遅い、という場合もあろう。更には、「当該事件の争点は何か、その争点を判断するために必要な証拠は何か」という意識を十分に持たないままに、適切とはいえない検察官や弁護人の意向のままに公判前整理手続を進めているという場合もある。司法研究の目的は、長期化した事件の実例を、争点の内容、争点に関する証拠構造等を踏まえて分析することにより、「当該事件の争点は何か、その争点を判断するために必要な証拠は何か」ということを、それらの事件の特色等に応じて的確に確定させるための方策を示すことにある。訴訟技術的な議論（例えば「早期打合せ」「期日の仮予約」）にとどまらず、事件や争点の性質、証拠構造、検察官や弁護人の主張の在り方などの点に留意して、争点及び証拠の整理を的確に行うための方策について提言したい。

本研究の手法としては、①裁判員裁判で審理され、公判準備に困難を来した事例を取り上げ、争点及び証拠の構造と、公判準備に長期間を要した要因との両面から分析し、その原因・あい路を明らかにし、②実証的研究に当たっては、できる限り実際の記録に当たりつつ、裁判官の意見交換によって研究を補完し、③これらと並行して、公判前整理手続における当事者追行主義や裁判官の果たすべき役割、更には、法律家と他の分野の専門家との役割分担を踏まえた判断枠組みなどについて、協力研究員を交えて、理論的研究と実務運用上の工夫等を検討した。具体的には、最高裁判所事務総局刑事局及び司法研修所の協力により、裁判員裁判施行から平成27年6月末までに終局したもののうち、公判前整理手続の付決定から公判期日の指定までの期間が長期（おおむね1年6か月を超えるもの）に及んだ裁判例を抽出し、特殊事情がある事例を除いた50件の記録（以下、「長期化事例」という。）を取り寄せ、争点及び証拠の構造と公判準備に長期間を要した要因の両面について、協力研究員を交え、研究員において検討した。また、司法研修所での研究会や、各地の協議会に参加し、有益な議論を拝聴したり意見交換をしたりすることができた。

このように様々な場面で意見交換をしていただいた方々のほか、本研究に当たって種々の御配慮をいただいた最高裁判所事務総局刑事局、司法研修所、研究員所属の各裁判所当局の方々には、この場を借りて改めて謝意を表したい。

平成27年度司法研究
協力研究員
　東京大学大学院法学政治学研究科教授　川　出　敏　裕
研究員
　広島家庭裁判所所長判事　吉　村　典　晃
　　（委嘱時　千葉地方裁判所判事）
　前　橋　地　方　裁　判　所　判　事　國　井　恒　志
　　（委嘱時　横浜地方裁判所判事）
　さ　い　た　ま　地　方　裁　判　所　判　事　新　井　紅亜礼
　　（委嘱時　東京地方裁判所判事）

目　次

第1　総論 ———————————————————————— 1
1　問題の所在 …………………………………………………………………………… 1
　(1)　「争点及び証拠の整理」についての共通認識の欠如 ……………………………… 1
　(2)　刑事手続における「事案の真相」の解明（核心司法） ………………………… 1
　(3)　公判準備と公判中心主義 …………………………………………………………… 2
　(4)　法律家と他の専門家との役割分担 ………………………………………………… 2
2　争点及び証拠の整理の意義 ………………………………………………………… 2
　(1)　公判前整理手続の基本的仕組み …………………………………………………… 2
　(2)　争点及び証拠の整理とは …………………………………………………………… 3
　(3)　公判前整理手続の目的と争点及び証拠の整理の3類型 ………………………… 3
　　ア　公判前整理手続の目的 …………………………………………………………… 3
　　イ　争点及び証拠の整理の3類型 …………………………………………………… 4
　　　(ア)　検察官及び弁護人が法令に定められた訴訟準備活動をしていない場
　　　　　合に必要な行為の履行を求めるもの（第1類型） ……………………… 4
　　　(イ)　証拠の採否という裁判所の権限に基づくもの（第2類型） ……………… 4
　　　(ウ)　充実した審理の実現を目的とするもの（第3類型） ……………………… 5
3　証拠構造に応じた争点及び証拠の整理 …………………………………………… 7
4　被告人の精神症状が問題となる事案の争点及び証拠の整理 …………………… 8

第2　間接証拠型における争点及び証拠の整理 ———————————— 9
1　全体的な問題状況 …………………………………………………………………… 9
2　【第1フェイズ】起訴から証明予定事実記載書提出まで ……………………… 10
　(1)　長期化事例における第1フェイズの問題状況 …………………………………… 10
　　ア　物語式の証明予定事実記載書の一般的な問題点 ……………………………… 10
　　イ　物語式の証明予定事実記載書の間接証拠型事案における問題点 …………… 11
　(2)　証明予定事実記載書の記載内容の在り方 ……………………………………… 12
　(3)　証拠構造型の証明予定事実記載書の提出時期と早期打合せの重要性 ……… 15
　　ア　証拠構造型の証明予定事実記載書を提出すべき時期 ………………………… 15
　　イ　早期打合せの活用 ………………………………………………………………… 15
　　ウ　最初の証明予定事実記載書で証拠構造を明示すべき場合 …………………… 18
　　エ　最初の証明予定事実記載書で証拠構造を明示しなかった場合 ……………… 18
　(4)　証明予定事実記載書の内容に不十分・不適当な箇所がある場合の進行に
　　　ついて ……………………………………………………………………………… 20
　　ア　問題状況 …………………………………………………………………………… 20
　　イ　証明予定事実記載書提出後に最初に開かれる期日の在り方 ………………… 20

		(ア) 不明確な主張への対応 ··	21
		(イ) 推認力がほとんどないか，かなり弱い間接事実の主張への対応 ············	21
		(ウ) 重複立証や過剰立証への対応 ··	23

3 【第2フェイズ】予定主張記載書面の提出まで ·· 23
　(1) 長期化事例における第2フェイズの問題状況 ·· 23
　(2) 予定主張記載書面の提出時期 ·· 24
　　ア 迅速に提出すべき義務とその前提 ·· 24
　　イ 完璧に完成させたいという発想や後の不利益の懸念について ····························· 25
　　ウ 被告人本人の問題について ·· 27
　(3) 証拠開示請求や裁定請求について ·· 27
　(4) 予定主張記載書面の記載内容 ·· 28
　　ア 弁護人が主張を明示すべき事項に関する基本的考え方 ······································· 28
　　　(ア) 積極的な事実の主張 ··· 28
　　　(イ) 具体性，明確性の程度 ·· 29
　　イ 間接事実に対する弁護人の争い方に関する主張 ··· 30
　　ウ 間接事実の推認力に関する主張 ·· 31
　　エ 証拠の評価に関する主張 ·· 31
　　オ 供述の信用性に関する主張 ·· 32
　　カ 被告人質問のみで立証する積極的な事実の主張 ··· 32

4 【第3フェイズ】検察官及び弁護人の主張提出後 ·· 33
　(1) 長期化事例における第3フェイズの問題状況 ·· 33
　(2) 裁判所の求釈明の基本的な在り方 ·· 35
　　ア 求釈明の対象について ··· 35
　　イ 求釈明の手続について ··· 36
　(3) 供述の信用性（供述の変遷）に関する主張の取扱い ·· 37
　　ア 問題状況 ·· 37
　　イ 供述の変遷の取扱いについて ··· 37

コラム1　隠れた争点について ··· 41
　1 隠れた争点に関する問題状況 ··· 41
　2 あい路と対策 ··· 41

　模擬事例Ⅰ－間接証拠型 ·· 43

第3　直接証拠（共犯者供述）型における争点及び証拠の整理 ─────── 56
　1　全体的な問題状況 ·· 56
　2　【第1フェイズ】起訴から証明予定事実記載書提出まで ··· 59
　　(1) 長期化事例における第1フェイズの問題状況 ··· 59
　　　ア 証明予定事実に犯罪の成否や量刑上重要な事実とは無関係な内容が含まれること ·· 59

イ　間接事実的補助事実の内容やその関係証拠が不明確であること …………… 60
　　　ウ　整理すべき補助事実を超えて無関係な事情について主張されてしまう
　　　　こと ……………………………………………………………………………… 62
　(2)　証明予定事実記載書の記載内容の在り方 ………………………………………… 62
　(3)　証拠構造型の証明予定事実記載書の提出時期と早期打合せの重要性 ………… 65
　　　ア　証拠構造型の証明予定事実を記載すべき義務 …………………………… 65
　　　イ　早期打合せの活用等 ………………………………………………………… 65
3　【第2フェイズ】予定主張記載書面の提出まで ………………………………………… 66
　(1)　長期化事例における第2フェイズの問題状況 …………………………………… 66
　　　ア　予定主張記載書面の提出がかなり遅れること …………………………… 66
　　　イ　長文の物語式の証明予定事実記載書が提出された後の公判前整理手続
　　　　の進め方について法曹三者の間に共通認識がないこと ………………… 66
　　　ウ　弁護人の反論が予定主張記載書面に十分に記載されていないこと ……… 67
　(2)　予定主張記載書面の提出時期等 …………………………………………………… 68
　(3)　予定主張記載書面の記載内容 ……………………………………………………… 69
4　【第3フェイズ】検察官及び弁護人の主張提出後 …………………………………… 71
　(1)　長期化事例における第3フェイズの問題状況 …………………………………… 71
　　　ア　争点が未整理のまま公判前整理手続を終結していること ……………… 71
　　　イ　供述の信用性とその根拠を争点として整理してしまうこと …………… 72
　(2)　供述の信用性に関わる争点及び証拠の整理の在り方 …………………………… 73
　　　ア　一般論 ………………………………………………………………………… 73
　　　イ　供述の信用性に関する争点及び証拠の整理 ……………………………… 73
　(3)　相手方の主張していない事実に対する反論の取扱い …………………………… 75
コラム2　直接証拠の種類と公判前整理手続の長期化の関係 ………………………… 76
　1　目撃者の供述 ………………………………………………………………………… 76
　(1)　目撃者の供述が直接証拠である場合の長期化原因 ……………………………… 76
　(2)　純粋補助事実の取扱い―原則として整理の必要なし― ……………………… 77
　2　被害者の供述 ………………………………………………………………………… 77
　(1)　被害者の供述が直接証拠である場合の長期化原因 ……………………………… 77
　(2)　間接事実的補助事実の取扱い―整理の必要あり― …………………………… 78
コラム3　検察官の主張事実が認定できない場合を想定した争点整理の要否 ……… 79
　1　問題状況 ……………………………………………………………………………… 79
　2　予備的訴因変更又は予備的主張に関する一般論 ………………………………… 79
　3　事前共謀と現場共謀との関係 ……………………………………………………… 79
　4　実行共同正犯と共謀共同正犯との関係 …………………………………………… 80
　5　共同正犯と幇助・教唆との関係 …………………………………………………… 81

コラム4　起訴後の補充捜査の取扱い ……………………………………………… 81
模擬事例Ⅱ－直接証拠（共犯者供述）型 ……………………………………… 83
第4　被告人の精神症状が問題となる事案の争点及び証拠の整理 ────── 106
1　総論 ………………………………………………………………………………… 106
　(1)　全体的な問題状況 …………………………………………………………… 106
　(2)　あい路と対策 ………………………………………………………………… 106
　　ア　争点の整理における責任能力の判断枠組みの混乱 ……………………… 106
　　　(ｱ)　問題状況 ………………………………………………………………… 106
　　　(ｲ)　責任能力の判断枠組みについて―最高裁判例と8ステップ論― ……… 107
　　　(ｳ)　8ステップ論における7つの着眼点の位置付け ………………………… 108
　　　(ｴ)　具体例に基づく説明 …………………………………………………… 110
　　　(ｵ)　第4ステップ（「機序」）の重要性 ……………………………………… 112
　　　(ｶ)　争点整理のイメージ …………………………………………………… 113
　　イ　証拠の整理における精神鑑定の取扱いの混乱 …………………………… 114
　(3)　起訴前鑑定の有無による区別 ……………………………………………… 115
2　起訴前鑑定がある場合 ………………………………………………………… 115
　(1)　【第1フェイズ】50条鑑定の請求の要否に関する弁護人の検討段階 …… 115
　　ア　問題状況 ……………………………………………………………………… 115
　　イ　あい路と対策 ………………………………………………………………… 116
　　　(ｱ)　起訴前鑑定の内容を検討するための資料の入手や検討に時間がかか
　　　　　るという点について …………………………………………………… 116
　　　　a　鑑定書や資料の入手について ………………………………………… 116
　　　　b　鑑定書の理解・検討について ………………………………………… 116
　　　(ｲ)　起訴前鑑定がある場合に，50条鑑定の請求を基礎づけるためにどの
　　　　　ような主張をしたらよいかわからないという点について ………… 118
　　　(ｳ)　弁護人は，協力医を探してその見解を前提に主張しようとするが，
　　　　　協力医の確保に時間がかかる上，協力医に依頼した後は，法律的評価
　　　　　を含めて，その意見又は鑑定書に依存してしまうという点について …… 119
　(2)　【第2フェイズ】50条鑑定の請求の採否等に関する裁判所の判断段階 …… 120
　　ア　問題状況 ……………………………………………………………………… 120
　　イ　あい路と対策 ………………………………………………………………… 121
　　　(ｱ)　50条鑑定の請求の採否の判断ができるだけの双方の主張がありなが
　　　　　ら，裁判所が，相手方の主張に対する更なる反論を求めるなどして，
　　　　　なかなか決断をしないという点について ……………………………… 121
　　　(ｲ)　起訴前鑑定の前提やその資料に問題があるとの指摘に理由がありそ
　　　　　うな場合に，その後の手続をめぐって揉めるなどして，時間を要して
　　　　　いるという点について ………………………………………………… 121

　　　　(ウ)　50条鑑定を実施するに当たって鑑定人や鑑定資料の選択に時間を要
　　　　　するという点について ……………………………………………………… 122
　　　　　　a　鑑定人の選択について ……………………………………………… 122
　　　　　　b　鑑定資料の選択について …………………………………………… 123
　　(3)　【第3フェイズ】50条鑑定の請求の採否後の段階 ……………………… 124
　　　ア　問題状況 ……………………………………………………………………… 124
　　　イ　あい路と対策 ………………………………………………………………… 125
　　　　(ア)　裁判所が50条鑑定の請求について採否の判断をした段階で，公判期
　　　　　日までの予定を立てず，五月雨式に手続を進めるという点について ……… 125
　　　　　　a　50条鑑定を採用する場合 …………………………………………… 125
　　　　　　b　50条鑑定を採用しなかった場合 …………………………………… 127
　　　　(イ)　50条鑑定に関する手続が決着した段階（50条鑑定の結果が出たり，
　　　　　50条鑑定の請求が却下されたりした段階）で，弁護人が，別の立証方
　　　　　法として，私的鑑定を目指し，その準備等をするという点について ……… 127
　3　起訴前鑑定がない場合 …………………………………………………………… 129
　　(1)　【第1フェイズ】50条鑑定の請求の準備に関する検察官及び弁護人の検
　　　討段階 ……………………………………………………………………………… 129
　　　ア　問題状況 ……………………………………………………………………… 129
　　　イ　あい路と対策 ………………………………………………………………… 129
　　　　(ア)　責任能力を争うかどうかの見込みをなかなか示さないという点につ
　　　　　いて ……………………………………………………………………………… 129
　　　　(イ)　起訴前鑑定がない場合に，50条鑑定の請求を基礎づけるためにはど
　　　　　のような主張をしたらよいかわからない又は誤解があるという点につ
　　　　　いて ……………………………………………………………………………… 130
　　(2)　【第2フェイズ】50条鑑定の請求の採否等の裁判所の判断段階 ……… 132
　　　ア　問題状況 ……………………………………………………………………… 132
　　　イ　あい路と対策 ………………………………………………………………… 132
　　(3)　【第3フェイズ】50条鑑定の請求の採否後の段階 ……………………… 133
　4　その他 ……………………………………………………………………………… 133
コラム5　被告人の暴行・死因・因果関係が問題となる場合の争点及び証拠の
　　　　　整理 ……………………………………………………………………………… 134
　1　問題状況 …………………………………………………………………………… 134
　2　あい路 ……………………………………………………………………………… 135
　3　対策 ………………………………………………………………………………… 137
　　(1)　検察官が証拠構造を明らかにすること ……………………………………… 137
　　(2)　実質的な争点を踏まえた公判前整理手続の具体的な進め方 ……………… 139
　　　ア　被告人の加えた暴行の内容が問題となる事案 …………………………… 139

イ　第三者による暴行又は被害者の自傷行為の存在等が問題となり得る
　　　事案 ………………………………………………………………………… 141
　　ウ　被害者の病気等の内在的素因の有無及びその影響等が実質的な争点
　　　と考えられる場合 ………………………………………………………… 143

第1 総論

1 問題の所在

(1) 「争点及び証拠の整理」についての共通認識の欠如

長期化事例を検討してみると，公判前整理手続の長期化という問題が生じる直接的な原因は，検察官，弁護人及び裁判所において，公判前整理手続で行うべき「争点及び証拠の整理」の具体的な内容や「争点及び証拠の整理」の結果のあるべき姿（どのような点について，どこまで整理すれば，争点及び証拠を的確に整理したということになるのか）についての共通認識がないことにあることがわかる。

すなわち，検察官は，争点及び証拠の整理に必要な証明予定事実記載書とはどのようなものか十分に意識しないまま，とりあえず，立証の柱となる供述調書を引用して網羅的に主張し，時に，その捜査段階の供述がいかに信用できるかまで証明予定事実記載書において主張し，他方，弁護人も，このような検察官の証明予定事実記載書に対して，争点及び証拠の整理のためにどのような予定主張をするべきなのかを十分に意識せず，とりあえず，被告人から聴取した内容をそのまま記載し，その被告人の供述の内容がいかに信用できるかを予定主張記載書面において主張する。そして，裁判所もまた，公判前整理手続の最終的な目標である「争点及び証拠の整理」の結果のあるべき姿がどのような形であるか具体的なイメージのないまま，このような検察官及び弁護人の主張を整理しようと，判断に必要のない些末な事実に関する主張の食い違いや，あるいは本来公判で判断すべき事項まで整理しようとして，公判準備がますます長期化してしまっているというものが多くみられた。

そして，その根本的な原因は，法曹三者において，以下の(2)から(4)までの認識が十分共有されていないことにあると考えられる。

(2) 刑事手続における「事案の真相」の解明（核心司法）

刑事手続における「事案の真相」の解明とは，刑罰法令の定める犯罪事実を被告人が行ったか否か（刑罰権の存否に関する事実＝犯罪事実），そして，被告人がそれを行ったのであれば，被告人に対する刑を決めるのに重要な事実（刑罰権の範囲を定める事実＝量刑上重要な事実）を確定することに尽きる。したがって，検察官及び弁護人の主張や立証も，犯罪事実の存否の判断を左右する事実や量刑上重要な事実に関するものに限られるべきである。刑訴規則217条の20も，証明予定事実等について，事件の争点及び証拠の整理に必要な事項を具体的かつ簡潔に記載することを求めている。

しかし，長期化事例における判決書では，犯罪事実の存否の判断を左右する事実や量刑上重要な事実には当たらない事実があれこれ認定されていることが多く（精密司法的な認定），その審理でも，そのような事実に当たらない事実について，多数の証拠が取り調べられたり，検察官及び弁護人から詳細な主張が出されたりしている。そして，その公判前整理手続を見ると，犯罪事実の存否の判断や量刑判断に

関係があるとは思われない事実に関する争点及び証拠の整理を続けた結果，公判前整理手続が長期化している。
 (3) 公判準備と公判中心主義

　　刑罰権の存否やその範囲を定める事実を確定するのは，捜査でも公判準備でもなく，「公判」である（公判中心主義（刑訴法282条１項等））。心証はあくまでも法廷でとるべきであり，公判前整理手続において争点を整理するのは，取り調べるべき証拠と立証事項を明確にし，充実した審理をするための審理計画を立てる必要があるからであり，公判前整理手続において検察官及び弁護人がするべき主張も，それに必要な限度で足りる。

　　しかし，例えば，検察官及び弁護人が，公判前整理手続における争点整理の対象ではないと思われる事項（例えば，証拠の採否や審理計画の策定とは関係がない捜査段階の供述の信用性，責任能力が争点となる場合の７つの着眼点からの分析など）にまで踏み込んで主張し，裁判所もこれを整理しようとしているために，公判前整理手続が長期化している事案がある。

 (4) 法律家と他の専門家との役割分担

　　鑑定人等の専門家の判断が関わっている場合（責任能力の有無・程度，死因と因果関係等），専門家の意見を必要としている領域が何かを明確にすべきである。

　　例えば，弁護人において，検察官の主張や鑑定書の内容に不満があると，別の専門家の意見（私的鑑定や裁判員法50条に基づく鑑定）を証拠請求しようとしがちであるが，実際には，鑑定等が前提としている事実の争いに過ぎないことが多い。鑑定人等の専門家の判断が関わっている場合，争点を的確かつ早期に把握することを怠ったために，争点がかみ合わず，公判前整理手続が長期化している事案がある。

2　争点及び証拠の整理の意義

 (1) 公判前整理手続の基本的仕組み

　　公判前整理手続の目的は，充実した公判の審理を継続的，計画的かつ迅速に行うために，事件の争点及び証拠を整理して，審理計画を定めることにある（刑訴法316条の２，316条の３参照）。すなわち，争点を整理するのは，争点が明らかにならなければ取り調べるべき証拠が決まらないためであるが，さらに，公判審理途中に新たな争点が発生することを防ぎ，継続的かつ計画的な審理を実現するためでもある。また，証拠を整理するのは，争点を前提として，請求された証拠の関連性，必要性や取り調べるべき証拠の範囲を判断し，審理計画を定めるためである。そして，公判前整理手続それ自体も，十分な準備が行われることに配慮しつつ，できる限り早期に終結させることが求められている（刑訴法316条の３）。

　　検察官及び弁護人の主たる活動は，検察官は証明予定事実記載書を提出するとともに，その証明予定事実を証明するために用いる証拠の取調べを請求し（刑訴法316条の13），弁護人は検察官請求証拠に対する意見を述べ（刑訴法316条の16），予定主張記載書面を提出するとともに，これを証明するための証拠を請求することで

ある（刑訴法316条の17）が，いずれも，公判前整理手続の目的，内容に沿ったものであることが求められる。

当事者追行主義の観点からすれば，争点及び証拠を整理する過程において，中心となるのは，以上を含む検察官及び弁護人の訴訟準備活動であり，本来はそれによって争点及び証拠はおのずと整理されていく。他方で，裁判所は，検察官及び弁護人の主張の内容や証拠調べの必要性等が明らかでない場合に，訴訟指揮権に基づいて求釈明をしつつ，最終的には，証拠の採否という職責を果たすことによって，事件の争点及び証拠を整理していくことになる。

(2) 争点及び証拠の整理とは

刑事裁判における核心は，犯罪事実及び量刑上重要な事実の確定にあるから，公判前整理手続において整理すべき「争点」とは，こうした犯罪事実及び量刑上重要な事実に係る事実上あるいは法律上の争点である。争点整理とは，検察官及び弁護人の対立点の中から，当該事案において，このような判断のポイント，つまり，判決の結論に影響を及ぼすべき重要な事項に関する対立点を設定する作業である。それはすなわち，犯罪事実の存否の判断を左右する事実や量刑上重要な事実のうち，検察官及び弁護人の間に争いがある点（「実質上の争点（判断の分岐点）」）を明らかにする作業ということになる[1]。

このように，実質上の争点は，検察官及び弁護人の主張を対比し，証拠構造を踏まえながら，当該法律要件の本質や関連する事実相互の関係等を考慮して，浮かび上がってくるものであり，犯罪事実の存否又は量刑の判断の分岐点となるものである。

(3) 公判前整理手続の目的と争点及び証拠の整理の3類型

ア 公判前整理手続の目的

公判前整理手続の目的は，争点と取り調べるべき証拠を確定し，審理計画を立てることである。

公判段階で新たな証拠調べが必要になると，審理計画が崩れ，裁判員裁判が機能しなくなってしまう。そして，証拠調べの範囲は，法律要件上の争点だけでな

---

[1] 事実認定の作用は，社会生活の中で起きた事実関係を把握し，それを法律上の構成要件（又は違法性阻却事由若しくは責任阻却事由の各要件）に当てはめた場合に，被告人が特定の犯罪を行ったといえるかどうかという判断である。社会生活の中で実際にどのような事実があったかという「生の事実」の認定と，法律の規定する要件（事実又は評価）に当たるかという法律要件該当性の判断（量刑に関しても，生の量刑事実の認定と行為責任の原則を踏まえた法的評価）が存在している。したがって，争点としては，「法律要件上の争点」のみならず，その法律要件上の争点を判断する上では何を解明すればいいのかという観点からの「実質上の争点（判断の分岐点）」まで整理されるべきであり，そうしないと，取り調べるべき証拠やその立証事項を決定することができない。

例えば，殺人未遂被告事件において殺意の有無に争いがある場合，殺人の故意，つまり「殺意」の有無が「法律要件上の争点」であり，殺意を推認させる間接事実の有無が，「実質上の争点（判断の分岐点）」である。

く，実質上の争点が明らかにならなければ確定できないから，争点の整理においては，検察官及び弁護人は，法律要件上の争点だけでなく，実質上の争点が明らかになる主張をすることが求められる。公判前整理手続における争点と証拠の整理は，検察官及び弁護人がこのような観点から求められる訴訟準備活動を行っていくことによって進行する。したがって，裁判所は，検察官及び弁護人が上記の観点から求められる主張をしない場合にそれを促し，あるいは，検察官及び弁護人が争点整理に必要な範囲を超える主張をしたり相手方に求めたりした場合にはそれを制限するなどして，訴訟指揮をすることとなる。

イ 争点及び証拠の整理の3類型

　裁判所が検察官及び弁護人に対して働き掛けをする目的・根拠という観点から見てみると，争点及び証拠の整理は下記の3つの類型に分けられると考えられる。

(ア) 検察官及び弁護人が法令に定められた訴訟準備活動をしていない場合に必要な行為の履行を求めるもの（第1類型）

　　第1の類型は，検察官及び弁護人が法令に定められた訴訟準備活動をしていない場合に，訴訟指揮権に基づき，争点及び証拠の整理に必要な事項を具体的に明示するように釈明を求めるものである。

　　検察官が，証明予定事実を記載するにあたって，争点及び証拠の整理に必要な事項を具体的に明示しなかった場合や，弁護人が，公判ですることを予定する主張がありながら，事件の争点及び証拠の整理に必要な事項を明示しなかった場合がそれにあたる。例えば，公判前整理手続において，弁護人が「アリバイの主張をする予定である。具体的内容は被告人質問において明らかにする。」という限度でしか主張を明示しなかったような場合（最二小決平成27年5月25日刑集69巻4号636頁），裁判所は，求釈明によってその具体的内容を明らかにさせる必要がある。

　　長期化事例を見てみると，検察官及び弁護人が法令によって求められている訴訟準備活動をしていないのに，裁判所が訴訟指揮権を行使せず，それをそのまま放置した結果，争点及び証拠の整理が進まない状況が長く続いた点に重大な長期化原因があるといえるものが大半であった。当事者追行主義の観点からすれば，争点及び証拠の整理をする過程において中心となるのは，当然のことながら検察官及び弁護人の活動である。しかしながら，検察官又は弁護人が法令で義務付けられている訴訟準備活動をしていない場合においては，公判前整理手続の主宰者である裁判所は，それぞれに対し，事件の争点及び証拠の整理に必要な事項を具体的かつ簡潔に明示するように働き掛けることが求められる（刑訴法316条の3第2項，316条の5第3号，316条の17第1項，刑訴規則217条の20参照）。

(イ) 証拠の採否という裁判所の権限に基づくもの（第2類型）

　　第2の類型は，証拠の採否という裁判所の権限に基づき，証拠の自然的関連

性，法律的関連性，証拠調べの必要性について，検察官及び弁護人に対し，釈明を求めたり，証拠の採否を決したりするものである。

例えば，検察官がAという事実を主張することを予定し，それを立証するための証拠としてaという証拠を請求しても，それが要証事実に対して必要最小限度の証明力がない場合（自然的関連性の問題），前科による犯人性の立証のようにその立証が法律上許されない場合（法律的関連性の問題）又は他の主張や証拠との関係で当該証拠を取り調べる必要性がない場合（必要性の問題）には，裁判所は，証拠の採否権限に基づき，aという証拠の取調請求を却下することとなるので，証拠の自然的関連性，法律的関連性又は証拠調べの必要性が判然としない場合には，検察官にこれらの点について釈明を求めることとなる。また，aという証拠の取調請求を却下した場合，Aという主張は，他に立証方法がない限り，証拠の裏付けがない無意味な主張になることがあり，そうなると，Aという事実の存否は争点にならなくなる。

(ｳ) 充実した審理の実現を目的とするもの（第3類型）

第3の類型は，検察官及び弁護人の主張及び証拠請求が判断のポイントに合った形に絞られていないため，争点が不必要に拡散するおそれがある場合に，充実した審理の実現を目的として，訴訟指揮権に基づき，主張や証拠の推認力の強さや結論への影響の有無等をどのように考えているのかについて釈明を求め，再検討を促すものである。

例えば，争点及び証拠の整理を進めた結果，重要な事実の争いとささいな事実の争いが存在することが分かった場合に，ささいな事実の争いについて，検察官及び弁護人双方が主張内容や立証方法を工夫することにより，争点から外してはどうかと働き掛けること[2]や，間接証拠型の事案において，強い推認力を有する間接事実が複数ある一方で，推認力の弱い間接事実も多数主張され，推認力の弱い間接事実の存否を確定するためにはかなり多くの証拠を調べなければならないような場合に，特に推認力の弱い間接事実を主張立証の対象から

---

[2] 例えば，強盗殺人事件の被告人が，被害者に暴行を加えて死亡させたことは認めているものの，殺意を否認する（重要な争点）とともに，被害者から金品を奪うことを考えたのは被害者の死亡後であるから（重要な争点），被告人には傷害致死罪と窃盗罪が成立するにすぎないし，被害者から奪った現金は，35万円ではなく，34万円に過ぎない（ささいな争点）と主張している場合において，被害額が35万円か34万円かを確定するためには，被害者が銀行で35万円を下ろした後，被告人と会うまでの間に，被害者が金銭を費消したり他に移し替えたりした可能性があるかどうかに関するかなりの数の証人を調べなければならないということが，争点及び証拠の整理を進めた結果，判明したとする。このような場合，ささいな争点のために相当量の証拠調べが行われ，いかにも重大な争点であるかのような様相を示すことになる。しかし，被害額が34万円か35万円かで量刑が変わるとは思われないのに，その点を争点とすると，他のより重要な争点に対する証拠調べに焦点が当たらなくなる。

外してはどうかと働き掛けること[3]などが，これに当たる。

　後者についていえば，一般的に言って，推認力がかなり弱い間接事実をいくら寄せ集めても，結論に影響を及ぼすことはほとんどないと考えられるが[4]，そのような推認力がかなり弱い間接事実でも，それに関する証拠を多数調べたりすれば，評議が，判断のポイントである重要な間接事実の存否等に集中しないおそれがある。そうなると，評議の中で，重要な間接事実の認定やその推認力の判断が困難なものとなりかねない。評議の妨げとなる公判審理は，充実した審理とはいえないであろう。前者についても同様である。

　公判前整理手続が目的とする「充実した」公判の審理とは，効率的に審理を行って，争点ではない事項については無駄な審理を避け，明確化された争点に集中して審理を行うことをいうところ，それは，裁判員を含む合議体が的確に心証を形成し，評議に臨むことができるように，検察官及び弁護人が，判断のポイントであると考えている点を明確にし，その点に集中して審理を行う趣旨をも含むと考えられる（刑訴法316条の3第2項参照）。ただし，証拠に基づいて主張と証拠調べの内容を組み立てるのは検察官及び弁護人の権限であるから，証拠に接していない裁判所が検察官及び弁護人に対してできるのは，あくまでも検討を促すことだけであり，主張を撤回するよう命じることはできない。

　そのような観点からすると，公判前整理手続の途中で，争点が不必要に拡散してきた場合には，まずは，検察官又は弁護人において，結論に影響を及ぼすポイントはどこかを考え，自らの主張及び証拠を判断のポイントに絞ったものとするとともに，相手方に対しても，同様に働き掛けるべきである。そして，検察官及び弁護人が自主的にそのような訴訟活動をしないときには，さらに，裁判所において，検察官及び弁護人の主張や証拠に関し，その推認力の強さや結論への影響の有無等をどのように考えているのかについて釈明を求め，判断のポイントとはかけ離れていると考えられる部分については，再検討を促すなどの働き掛けを行うのが相当であろう。

　また，再検討を促すなどしたものの，裁判所から見て重要性に乏しい主張を検察官及び弁護人が維持し，その結果，重要でない争点に関する証拠調べが肥大化する，換言すれば，争点の重要性に応じたメリハリのある証拠調べが実施されないおそれがある場合には，当該主張の重要度に応じた立証のボリュームとなるよう，請求証拠の取捨選択など立証内容の再検討を検察官及び弁護人に

---

[3] 例えば，財産犯における「被告人が金に困っていたこと」とか，覚せい剤の密輸における「税関検査時における被告人の態度」などである。このような事実の有無を争点とすると，裁判官や裁判員の集中力を阻害して，重要な争点について的確な心証を採りにくくなる。

[4] 被告人と犯人との同一性について，情況証拠によって認められる間接事実の推認力の強さについて触れた最三小判平成22年4月27日刑集64巻3号233頁参照。

促すのが相当であろう[5]。

　　もっとも，いずれの場合であっても，裁判所が検察官及び弁護人の主張や証拠の重要性等を見極めるにあたっては，証拠の内容を見ていないという限界を十分に踏まえる必要がある[6]。

3　証拠構造に応じた争点及び証拠の整理

　我々研究員は，長期化事例を分析するに当たり，証拠構造に応じて公判前整理手続が長期化した原因やそれに対する対策が異なるのではないかと考え，法律上の争点に関する証拠構造を踏まえた上で，証明予定事実記載書の提出まで（第1フェイズ），予定主張記載書面の提出まで（第2フェイズ），検察官及び弁護人の主張が提出された後の手続（第3フェイズ）と場面を区切り，その問題点を洗い出し，その対策を検討した。その結果，裁判所の求釈明の在り方など，あらゆる事件で共通して見られる問題も多々あったが，特定の争点やその証拠構造に固有の問題も見られたことから，証拠構造ごとに，模擬事例Ⅰ（本報告書43頁）及びⅡ（同83頁）を用いつつ[7]，公判前整理手続の進め方を考えることにした。

(1) 間接証拠型の事案の争点及び証拠の整理とは，争点を判断する上で重要な間接事実の内容や争いの有無，その事実を立証するために取り調べるべき証拠の範囲，それに対する弁護人の積極主張事実の有無やその事実を立証するために取り調べるべき証拠の範囲等を順次明確にしていくことである。起訴後数日内の「早期打合せ」を活用するなどし，検察官から証拠構造型の証明予定事実記載書を早期に提出してもらうこと等（第1フェイズ），弁護人の予定主張記載書面の提出時期，明示すべき内容等（第2フェイズ），推認力が弱い事実に関する証拠や，同一事実について複数の証拠の請求がある場合の証拠調べの必要性の観点からの判断等（第3フェイズ）について，一般論とともに，具体的な事例を設定した上で，検察官及び弁護人のあるべき訴訟準備活動及び裁判所の関わり方を検討した。

(2) 直接証拠型の長期化事例をみると，共犯者供述が「被告人と共犯者との間の共謀の成立」の直接証拠となっている事案が多い。供述証拠が直接証拠となっている事案で争点整理の対象となるのは，供述証拠の信用性ではないから，供述内容の具体

5　さらに，証拠の採否は裁判所の権限であり，争点の重要性に応じた証拠調べを実現することは裁判所の責務であるから，第3類型の争点及び証拠の整理の過程ではあるが，裁判所から見て重要でない主張に関する証拠請求について当事者が再検討に応じないような場合には，裁判所において，必要最小限の証拠に限定して採用したり，書証の分量や人証の尋問時間を制限したりすることもやむを得ないことがあろう。

6　当事者の説明が裁判所の見解と異なっていても，その主張や立証をしたいという意向が明らかにされれば，その前提で，早期に審理計画を立てるべきである。

7　問題点を説明するに当たっては，できる限り，その内容が具体的にイメージできることが望ましいので，長期化事例においてよく見られる法曹三者の不適切な対応を重ね合わせた模擬事例を作成した。したがって，模擬事例は意図的に問題の多い設定となっており，これが現在の実務のスタンダードではないことに注意していただきたい。

性，迫真性，供述経過などを主張し合う必要はない。共犯者供述のように，証拠の性質上，虚偽供述のおそれや誤りの混入するおそれが類型的に高い証拠が直接証拠になっている事案では，間接事実的補助事実（直接証拠とは別の証拠に由来する事実で，直接証拠の信用性を左右するという意味では補助事実といえるが，それ自体，要証事実を推認する力を併有しているもの）を争点及び証拠の整理の対象とすべきである。そこで，共犯者供述が直接証拠である場合を中心に，検察官が早期に間接事実的補助事実を意識した証明予定事実を記載すべきこと等（第1フェイズ），弁護人が予定主張記載書面で記載すべき内容等（第2フェイズ），その後の争点及び証拠の整理に向けた裁判所の求釈明の在り方等（第3フェイズ）について，具体的な事例を設定した上で，検察官及び弁護人のあるべき訴訟準備活動及び裁判所の関わり方を検討した。

4　被告人の精神症状が問題となる事案の争点及び証拠の整理

　公判準備に困難を来した事件の中には，被告人の精神症状が問題となり，責任能力の有無・程度が問題となった事例，量刑上重要な事実として被告人の精神障害が主張された事例，最終的には争点にならなかったものの，責任能力が争点となるか否かの検討に時間を要した事例が相当数ある。その中には，検察官及び弁護人双方が「7つの着眼点」に基づく主張の応酬に時間を費やしたり，起訴前鑑定の鑑定書又は協力医による私的鑑定や意見書を引用した主張書面の応酬が繰り返され，裁判所がこれらの応酬を放置，助長したりしている事例が散見された。その原因としては，法曹三者において，責任能力が問題とされる事案における争点及び証拠の整理の在り方や，法律家と精神科医の役割分担を踏まえた責任能力の判断枠組みが共有されず，医学的評価と法的評価の区別がなされないまま主張が展開されていることが指摘できる。

　被告人の精神症状が問題となる事案では，医学的評価を基礎づける精神鑑定が重要であり，まずは，鑑定をベースに，精神症状の犯行への影響の機序に関する主張（8ステップ論の第2ステップ，第4ステップ）を確定する作業をしなければならない（109頁「責任能力判断の構造」参照）。そうすると，起訴前に正式な精神鑑定がある場合とない場合とで，検察官及び弁護人の準備及び公判前整理手続の進行は大きく異なることになるので，起訴前鑑定がある場合とない場合に分け，裁判員法50条に基づく鑑定（以下「50条鑑定」という。）の請求の要否に関する弁護人の検討段階（第1フェイズ），50条鑑定の請求の採否等に関する裁判所の判断段階（第2フェイズ），50条鑑定の請求の採否後の段階（第3フェイズ）の段階ごとに，争点及び証拠の整理の在り方を検討した。その中では，弁護人が責任能力を争うかどうかを早期に決めるための早期打合せや証拠開示の在り方，弁護人が50条鑑定を請求するためにいかなる主張をすればよいのか（裁判所は，弁護人からどのような主張がなされれば50条鑑定を採用するのか），7つの着眼点に基づく主張が有効なのはどのような場面か，協力医の意見を求めることが相当なのはどのような場合かなどに触れている。

第2　間接証拠型における争点及び証拠の整理

1　全体的な問題状況

（1）　間接証拠型の長期化事例をみると，検察官及び弁護人が法令上要求される訴訟準備活動をせず，裁判所もそれを放置して，必要な行為の履行を求めない，つまり，第1類型の争点及び証拠の整理をしない点に重大な原因があるものが大半であった。

すなわち，実際の長期化事例においては，まず，

① 　検察官は，いわゆる長文の物語式の証明予定事実記載書を提出しただけで，証拠構造を明らかにしないまま弁護人の反論を待ち，

② 　弁護人は，どこに問題意識を持っているのか明らかにしないまま，類型証拠開示請求を何度も行い，

③ 　その後，長期間経過してから，弁護人が，物語式の証明予定事実記載書に対抗するかのような長文の物語式の予定主張記載書面，あるいは，逆に検察官の証明予定事実記載書の内容に対して認否をするだけで積極的主張を何ら明らかにしない予定主張記載書面を提出，

④ 　一度仕切り直しとなって，検察官が，改めて証拠構造型の証明予定事実記載書を提出するという経過をたどっているものが多く見られた[8]。

また，④の検察官が提出した証拠構造型の証明予定事実記載書に対する，弁護人の予定主張記載書面の記載内容を見ても，検察官の証明予定事実に対応して争点及び証拠の整理のために必要かつ十分な内容を記載しているという例はかなり少ない。予定主張記載書面において，検察官の主張する間接事実の認否程度の記載がなされているのみで，積極的な事実の主張が明らかにされていないため，その後，求釈明の応酬がなされ，無駄な期間を要しているものが多く見られた。

さらに，裁判所の求釈明の在り方という観点からも，問題がある事例が多数見られる。例えば，争点及び証拠を整理するためには求釈明が必要不可欠であるのにこれをせずに放置した結果，その後の証拠採否の段階になって証拠調べの必要性が判然とせず，結局，証拠の採否決定までに時間を要したという事例や，検察官又は弁護人の主張は既に具体的に明示されているのに，一方が相手方に対して，さらに詳細な点まで立証内容を明らかにさせようとして求釈明を求め，裁判所も自らその必要性を検討することなく，相手方に対して無条件に検討を促して時間を浪費した事例などがあった。

---

[8] 模擬事例Ⅰ（本報告書43頁以下）では，起訴後約3か月を経過した段階で，弁護人から「被告人と犯人との同一性を争う予定である」という方針が明らかにされたことから，弁護人の予定主張記載書面提出前に，検察官から証拠構造型の証明予定事実記載書が提出されることとなり，最悪の事態を免れている。しかし，長期化事例の中には，弁護人が，全く弁護方針を述べないまま予定主張の検討に長期間をかけ，その間，検察官も特段の対応をしなかったため，検察官から証拠構造型の証明予定事実記載書が提出されるまでに起訴から1年以上経過していたという事例が少なからず存在する。

(2) 以上のような問題状況の根本的原因を探り，争点及び証拠の整理を適切かつ迅速に行うための対策を考えていくため，以下では，公判前整理手続の進行に応じて，
① 第1フェイズ：証明予定事実記載書の提出まで（特に証明予定事実記載書の在り方）
② 第2フェイズ：予定主張記載書面の提出まで（特に予定主張記載書面の在り方）
③ 第3フェイズ：その後の手続（特に求釈明の在り方）
と，場面を区切り，それぞれ，具体的な問題状況やその対策を検討する。

2 【第1フェイズ】起訴から証明予定事実記載書提出まで

(1) 長期化事例における第1フェイズの問題状況

ア 物語式の証明予定事実記載書の一般的な問題点

長期化事例では，検察官から，犯行に至る経緯等が長く，犯罪の成否や量刑上重要な事実とは無関係な内容をも含んだ詳細な物語式の証明予定事実記載書が提出されることが多く見られた[9]。このような証明予定事実記載書が提出されると，弁護人は，検察官の主張の趣旨や内容について求釈明を求めるなどして，なかなか予定主張記載書面を提出せず，結果として提出される予定主張記載書面はかなり詳細なものになりがちである[10]。そうすると，検察官と弁護人の主張するそれぞれの物語のうち，食い違いがある点は判明するものの，それが犯罪の成否や量刑上重要な事実と関係がないのであれば，本来は争点ではないはずなのに，争点であるかのように扱われてしまうという事態が生じる。そして，一度争点が拡散すると，それを適切に絞っていくことは困難であり，争点が拡散したまま公判に至る確率が高く，そうした公判では，重要でない，見かけ上の争点に関する証拠も含めて相当なボリュームの証拠調べを行うことになる。そうなると，裁判員を含む裁判体が重要な争点について的確な心証を採ることが困難になり，評議でも，見かけ上の争点も一通り検討することにならざるを得ない。つまり，詳細な物語

---

[9] 模擬事例Ⅰの証明予定事実記載書1の第1の2の負債状況においては，古い時期の借入れから始まり，被害者以外からの借入れも含め，それぞれの借入れに至る事情等が詳細に記載されている。しかし，その全てが犯罪の成否や量刑上重要な事実に関わるものとはいえず，仮にその詳細な経緯の一部が争われたとしても，被害者からの借入れの有無や犯行直前の経済的ひっ迫状況と関係がなければ，争点とすべきではない。

[10] 弁護人としては，反論すべき点がある限り，細かいところまで逐一反論したいという心理が働いているように思われる。模擬事例Ⅰでは，弁護人の予定主張記載書面の前に，検察官から証拠構造型の証明予定事実記載書2が提出されたことから，物語への逐一の反論という形にはならなかったが，長期化事例では，検察官の物語式の証明予定事実に対して，弁護人も物語式の反論をする例は多く見られた。

の記載は，結果として裁判の質の低下につながるおそれがある[11]。

イ　物語式の証明予定事実記載書の間接証拠型事案における問題点

さらに，物語式の証明予定事実記載書については，間接証拠型の事案に固有の問題を二点指摘できる。

第一に，長文の物語式の証明予定事実記載書では，重要な間接事実が漏れてしまうことが多い。一般的に，物語式の証明予定事実記載書には，間接事実そのものではなく，間接事実から推認されると検察官が考えたストーリーだけが記載されることが多い[12]。しかし，間接事実が記載されていないと，主張と証拠の全体構造が見えないため，請求された証拠について証拠調べの必要性が判然とせず，証拠の採否の段階で時間がかかる。特に複雑困難な事件では，主張の整理のみが先行し，証拠の整理の段階になって，数か月以上の時間を要しているものもみられる[13]。

第二に，長文の物語式の証明予定事実記載書は，仮に間接事実が漏れなく記載されていたとしても，個々の間接事実を特定し難いのが通常である上，個々の間接事実とそれを立証する証拠との関係が明らかでなく，争点と証拠の整理が難しい。法律上の争点に関し，争点及び証拠を整理するためには，検察官が証拠から直接認定し得る事実を明らかにする必要がある。それが明らかにされてこそ，弁護人がそのような事実のうち，争うべきところを具体的に示すことができるのであり，裁判所としても，具体的かつ簡潔に主張された事実を見て，その具体的事実が犯罪の成否や情状に影響するか，また，その立証のために請求された証拠を

11　長期化事例では，物語式の証明予定事実記載書が提出されてから相当期間が経過した後に同様の物語式の予定主張記載書面が提出されているが，これらの対比によって争点と証拠の整理が的確になされている事例はほとんどなく，結局，改めて，間接事実を明示した証拠構造型の証明予定事実記載書が提出されて，初めから争点及び証拠の整理をやり直す事態となっている。やり直しのための証拠構造型の証明予定事実記載書が提出されたのは，起訴後1年以上経過してから，という事例も散見されており，物語式の証明予定事実記載書の弊害の大きさがよく分かる。

12　模擬事例Ⅰの証明予定事実記載書1についていえば，被告人が「犯行当日に被害者と待ち合わせて，合流したこと」「被害者とともに，デルパチセブンの駐車場を出発して，犯行場所の駐車場に到着したこと」「犯行場所で，被害者を殺害して借入金の返済を免れるとともに，所持金品を強奪しようと考えたこと」「所持していた刺身包丁を被害者に数回突き刺したこと」「被害者の所持していた封筒から20万円を奪ったこと」というストーリーが時系列に沿って記載されているが，いずれも，証拠から直接立証できることではないと思われる。

13　模擬事例Ⅰでは，犯行状況のところで，「被告人は，その際，被害者の所持していたM銀行の封筒から20万円を抜き出してこれを強取した。」という間接事実から推認されると検察官が考えた事実は記載されているものの，その封筒に被告人の指紋が付着していたという，犯人性を認定するのに最も重要な間接事実が記載されていない。証拠等関係カードの記載を見れば指紋が重要な間接事実であろうということを裁判所も推察することができる場合もあるが，証拠等関係カードには，「犯行直前の被害者の状況」「犯行前の被告人の言動」「犯行現場周辺の状況」といった抽象的な立証趣旨の記載しかされていない例は多く，そこから間接事実の内容を読み取ることはほとんど不可能である。

調べる必要があるか否かを判断できる[14]。間接証拠型の事例では，検察官が具体的な間接事実を明示する証明予定事実記載書を提出して初めて，具体的事実レベルでの争点及び証拠の整理が始まるはずなのに，弁護人が法律上の争点を明示するまで検察官が証拠構造型の証明予定事実記載書を出さないことが多い。

事案によっては，物語の中から証拠構造を読み取ることができる場合もあるが，それは，裁判所が証拠構造を推察しているだけであり，検察官が証拠の構造（どの証拠から，どのような事実が直接立証できると考えているのか）を示さないと，証拠の内容を知らない裁判所は，争点と証拠を誤った形で整理してしまうおそれがある[15]。

(2) 証明予定事実記載書の記載内容の在り方

事件の争点及び証拠を的確に整理することは，単に，法律要件上の争点（模擬事例Ⅰでいえば，「被告人と犯人の同一性」）をとらえるのではなく，間接証拠型の事件であれば，その争点を判断する上で重要な間接事実（証拠から直接認定し得る事実）の内容や争いの有無，その事実を立証するために取り調べるべき証拠の範囲，さらには，それに対する弁護人の積極的な事実の主張の有無やその事実を立証するために取り調べるべき証拠の範囲等を順次明確にしていくことである。そのイメージは，「間接証拠型の争点及び証拠の整理」（14頁）のとおりである。

このような争点及び証拠の整理の出発点は，検察官の証明予定事実記載書であり，検察官は，事件の争点及び証拠の整理に必要な事項を具体的かつ簡潔に記載しなければならない（刑訴規則217条の20第1項）。間接証拠型の事案について，公判前整

---

[14] 模擬事例Ⅰの証明予定事実記載書1は，物語式の証明予定事実記載書のうちでは，間接事実が比較的分かりやすい部類に属するといえる。例えば，被害者が被告人に少なくとも25万円貸し付けた事実については，それを直接的に明らかにする証拠はないものの，平成25年10月7日頃の被害者の交際相手に対する言動や自宅の卓上カレンダーの記載があるため，被害者は，当時，被告人に対する25万円の債権を有していたことが推認される一方，被害者が同年1月にサラ金業者から35万円借り入れたことに関しては，自らの用途では借り入れていないことから，そのうちの少なくとも25万円は被告人に貸し付けたといえるというのが基本的な証拠構造であると読み取れるであろう。しかし，検察官によっては，「被害者は，同年1月19日にサラ金業者A社から20万円を，同月20日にB社から10万円を，同月23日にC社から5万円をそれぞれ借り入れ，そのうち，25万円を被告人に貸し付けた」「被害者は，日頃から，交際女性に対し，知人に金を返してもらえないから困っていると話すことがあったが，同年10月7日頃，被害者宅で夕ご飯を一緒に食べていた際，3日後に返済が受けられることとなった旨を伝えた上，同月10日，被告人との待ち合わせ場所に向かった」というように，重要ではない経緯は詳しい一方で，被害者が被告人に25万円を貸し付けたことについては，検察官として判断した結論だけを記載する実例もまま見られる。

[15] 模擬事例Ⅰにおいても，上司や同僚3人のうちのいずれかが，被害者が被告人に金銭を貸し付けたことについて，より具体的な供述をしているかもしれないのに（例えば，被害者から「被告人に30万円近い金を貸している」と聞いた同僚がいるかもしれないし，その頃，被害者が被告人に20万円又は30万円程度の札束をそっと渡すのを目撃したという同僚がいるかもしれない。），裁判所には，誰を証人とすればよいのか分からない。

理手続を長期化させずに争点及び証拠を的確に整理するためには，検察官が，早い段階で，間接事実の内容と具体的な証拠との関連性を明らかにすることが重要である。

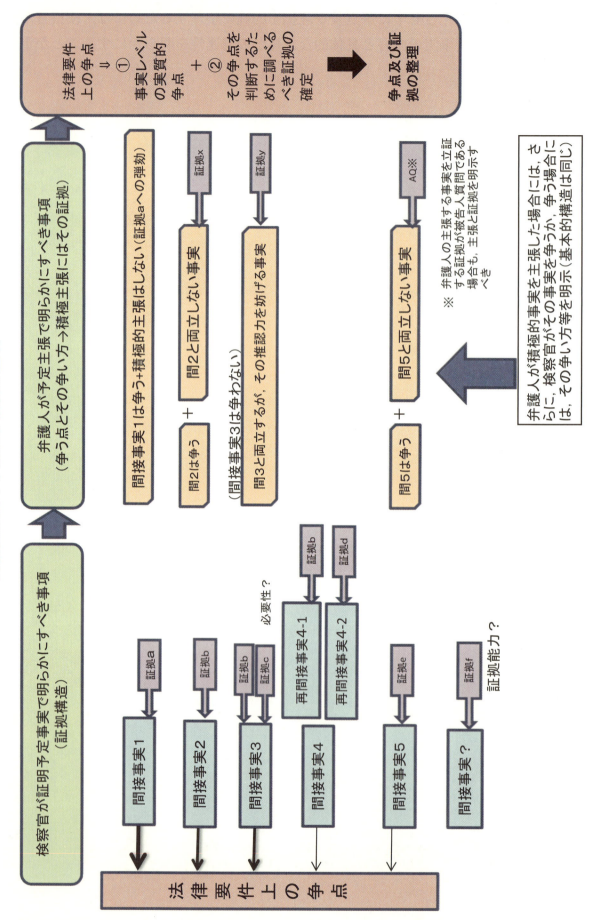

(3) 証拠構造型の証明予定事実記載書の提出時期と早期打合せの重要性

ア 証拠構造型の証明予定事実記載書を提出すべき時期

検察官は、捜査を尽くし、被告人に特定の犯罪が成立すると考えて起訴したのであるから、その犯罪の成立要件（構成要件要素）のすべてについて、証拠構造を明示することができるはずである。しかし、実務上、最初の証明予定事実記載書にそのような記載がされている例はかなり少ない[16]。

確かに、捜査段階で被告人が自白している事案や、弁護人が比較的早い段階で争点は量刑であるという見込みを明らかにしたような事案では、さしあたり、争点及び証拠の整理に必要な事項は、犯罪事実及び量刑上重要な事実だけであるといってよいから、証明予定事実記載書の記載もその限度でよい。しかし、量刑以外の法律要件上の争点があることが見込まれるようになった場合には、前記のとおり、検察官は、その法律要件上の争点について、事実レベルにおける実質的な争点とその証拠を整理するため、間接証拠型の事案であれば、間接事実を具体的かつ簡潔に明示する義務がある。例えば、被告人が捜査段階から法律要件のいずれかを争う意思を明確に示す供述をしている場合には、その点については、最初から証拠構造を明らかにすべきである[17]。

検察官の立証構造が明確になれば、それぞれの法律要件につき、弁護人の予定主張の検討が容易になって、的確な争点及び証拠の整理による公判前整理手続の充実化、迅速化につながることが期待できる[18]。検察官が自主的にそのような対応をしなければ、裁判所は、証拠構造型の主張を明示するように働き掛けるべきであり、その働き掛けは、第1類型の争点及び証拠の整理に当たる。

イ 早期打合せの活用

現在、公判前整理手続の充実化、迅速化を目的として、起訴後1週間程度での「早期打合せ」が実務上広く行われており[19]、これは証拠構造型の証明予定事実記載書を早期に提出してもらうためにも有用である。

早期打合せは、単なる顔合わせではなく、裁判所が検察官及び弁護人から公判前整理手続や公判審理の進め方等に関する要望を聴取するなどして当事者の準備

---

[16] 検察官からすれば、犯罪の成立要件（構成要件要素）ごとに、証拠の性質上、客観的証拠のみで容易に証明できるものもあれば、供述証拠に基づく間接事実を積み上げなければ証明できないものもある一方、弁護人の防御のスタンスとして、全く争わないもの、徹底的に争うもの、さらには争うか不明なものまであるため、それらの違いを無視し、すべての構成要件要素について、最初の証明予定事実記載書にその証拠構造を記載するのは、合理的でないと考えるからであろう。

[17] 検察官は、被告人が否認している事項については、証拠構造を意識しながら捜査をしているはずであるから、過度の負担をかけることにはならない。

[18] 弁護人の予定主張記載書面が提出されてから証拠構造型の証明予定事実記載書を提出すると、争点及び証拠の整理が遅れ、公判前整理手続は長期化する。

[19] 裁判所は、適当と認めるときは、第1回の公判期日前に、検察官及び弁護人を出頭させ、訴訟の進行に関し必要な事項について打合せを行うことができる（刑訴規則178条の15）。

を支援するとともに[20]，公判前整理手続や公判審理の進め方についての裁判所の考え方を説明し，法曹三者で認識の共有化を図ることなどを内容とするものである。その一環として，弁護人が，捜査段階での弁護活動と起訴状の内容を見た上での問題意識や争点の見通しを明らかにし，それに対して，検察官が，弁護人が問題意識を有している事項について，速やかに，証拠構造を明らかにする証明予定事実記載書を提出し，それに対応する証拠の請求をするとともに，弁護人の関心に対応して幅広に証拠の任意開示をするといったことが行われている[21][22]。

　弁護人の問題意識に対応した検察官の証拠構造型の証明予定事実記載書及びそれに対応する証拠請求書が提出されることにより，弁護人は，検察官の証拠の見方を知ることができ，判断のポイントがどこになるかを意識した反論がしやすくなる。また，問題意識を持っている点に関する証拠の任意開示を早く受けられれば，弁護人は自らの弁護方針について検討を進めることができる。

　問題意識又は争点の見通しを明らかにすることは，弁護人又は被告人の公訴事実に対する認否を明らかにするものでもなければ，争点を絞り込むものでもない。弁護人として，公訴事実に対する認否は，証拠を検討しない限り，明らかにでき

---

[20] 例えば，「事案が複雑であることが予想されるため，検察官の証明予定事実記載書が提出されてから間もない時期に，第1回公判前整理手続期日を入れてほしい」，「大きな争いがないことが見込まれるため，できる限り早く公判期日を入れてほしい」，「～という点に問題意識を持っているので，その点に関する証拠を幅広く任意開示をしてほしい（又は，証拠構造型の証明予定事実を記載してほしい。）。」といった要望等が考えられる。

[21] 最近では，検察官から幅広く任意開示がされるようになっているが，今なお，任意開示されているだろうと考えていた証拠が開示されていないということもあり，早期打合せ等において，検察官及び弁護人は，任意開示の対象とする証拠の範囲について，具体的に話し合い，認識を共有化するべきである。

　そして，早期打合せで，弁護人の問題意識等が明らかにされた場合には，任意開示の対象は，典型的な類型証拠にとどまることなく，弁護人の問題意識に関する主張関連証拠についても，弊害がない限り，任意に開示されるべきであろう。例えば，責任能力の有無や自首の成否に関する証拠などは，その典型である。

[22] 模擬事例Ⅰをみると，複数回にわたって類型証拠開示請求が重ねられており，任意開示がされた形跡がない。また，弁護人の問題意識等が明らかになっていないため，任意開示の対象となるべき証拠は，典型的な類型証拠に限られるが，それでも，犯行現場の実況見分調書や検証調書，現場で発見された証拠物やその証拠物に関する鑑定書（血痕，指紋，ＤＮＡ型等），請求した防犯ビデオ関係の原資料，被告人の妻や両親，会社の上司や同僚，被害者の交際相手等といった関係者の供述調書，被告人の供述調書・取調べ状況報告書・取調べ時の録音録画ＤＶＤなどは任意開示ができたのではないだろうか。これらの証拠は，いずれ，類型証拠開示の請求があり次第，開示することになるのであるから，証明予定事実記載書の提出等と同時に任意開示する方が，検察官にとっても，何度も要件を検討して開示するより，効率的であろう。そうすれば，これほど類型証拠開示請求が重ねられることはなかったのではなかろうか。

ないのは当然である[23]。ここで問題意識又は争点の見通しを明らかにするのは，あくまで，公判前整理手続を円滑に進めるため，検察官に証拠構造を明示してほしい点や任意開示をしてほしい証拠等を特定するためである。早期打合せにおいて，ある特定の点についてのみ問題意識を述べたものの，その後に証拠を検討した結果として，さらにそれ以外の点についても争うことは当然許容される。早期打合せにおいて，弁護人の問題意識等を明らかにすることが，その後の手続において，何らかの不利益を招くことがあってはならない[24]。

そもそも，弁護人が問題意識又は争点の見通しを明らかにし，検察官がそれを踏まえた証明予定事実を記載したり，証拠の任意開示等をしたりするのは，本来，検察官及び弁護人間でなされるべき事柄である。しかし，現状では，問題意識又は争点の見通しを明らかにすることの意義やその目的等が法曹三者の中で必ずしも共有されておらず，検察官及び弁護人間でそれをすることが実務慣行として確立するまでは，公判前整理手続の主宰者である裁判所が検察官及び弁護人の間に

---

[23] 弁護人からは，早期打合せにおいて，裁判所から，公訴事実に対する認否を求められたり，争いのないところを明らかにするように求められたりしていると感じるという指摘もある。また，被告人と犯人の同一性を争う予定であると弁護人が言うことは容易であると思われる事例であっても，「犯人性を争う見込みである」と答えると，現場にいたことは認めるのか，被害結果は認めるのかなど，裁判所からさらなる質問をされることを危惧するという指摘もある。

裁判所が，早期打合せの段階で，弁護人の意向に反して，認める部分を特定するよう求め，争点を絞り込もうとすることは，明らかに不適切であり，そのように受け止められるような発言をすることも相当ではない。争点の絞り込みをしているかのように受け取られると，証拠をすべて検討しない限り，争う可能性がある点も明らかにできないというような反発を受けることになる。

また，そもそも，本人が覚えていないと言っている場合には，犯人性を争うとは直ちに言いにくいかもしれない。もっとも，犯人性を争うとは言いにくいとしても，被告人の犯人性については丁寧に検討したいので，犯人性に関する証拠請求や任意の証拠開示をお願いしたい，と弁護人が表明するのは可能な場合もあろう。

[24] 弁護人の中には，早期打合せの段階で問題意識又は争点の見通しを述べると，証拠を検討した結果，それとは異なる主張をすることとなった場合，その主張の変更が被告人に不利に働くのではないかということを警戒し，証拠をすべて検討しない限り，争点の見通しさえも述べないという者もいるといわれている。しかし，早期打合せにおける問題意識等は，公判前整理手続を円滑に進めるという観点から述べられるにすぎず，被告人自身の認否と直結するものではない。実際にも，弁護人の問題意識又は争点の見通しは，被告人の接見時の発言等から形成されることもあれば，被告人の発言とは別に，弁護人自身の法律家の視点から形成されることもあるのであって，被告人の発言とは必ずしも連動していないはずである。公判中心主義や証拠裁判主義の観点から見ても，公判前整理手続における弁護人の主張の変更を被告人の不利益に扱う余地はない。

入り，早期打合せを行う必要があろう[25][26]。

ウ　最初の証明予定事実記載書で証拠構造を明示すべき場合

最初の証明予定事実記載書で証拠構造を明示することが，全ての事件で必要であるとはいえない。しかし，前述のように，例えば，被告人の捜査段階の供述から特定の法律要件を争うことが明らかな場合には，その点について，最初の証明予定事実記載書で証拠構造を明示すべきであるほか[27][28]，早期打合せにおいて，弁護人が問題意識又は争点の見込みを明らかにした場合にも，検察官は，最初の証明予定事実記載書で証拠構造を明示することができることが多いはずである[29]。

エ　最初の証明予定事実記載書で証拠構造を明示しなかった場合

早期打合せを行っても，弁護人側の事情により問題意識等が明らかにされなかったといった理由で，最初の証明予定事実記載書にはショートストーリーのみ

---

[25] その際，裁判所は，検察官及び弁護人に対し，早期打合せをする趣旨や，問題意識等を明らかにしてもらう意義，その効果等を十分に説明し，理解を得るべきである。

[26] 模擬事例Ⅰでは，早期打合せが行われておらず，弁護人が争点となりうる点（被告人と犯人との同一性）を明らかにしたのは，起訴から約2か月半後の第4回打合せにおいてである。そのため，証拠構造型の証明予定事実記載書が提出されたのは，起訴後3か月半の時期となっている。争点及び証拠の整理の出発点となるべき証拠構造型の証明予定事実記載書の提出が遅かったことが，公判前整理手続の長期化の発端となっている。

[27] 被告人が捜査段階から完全黙秘している事案では，検察官は，犯罪の成立要件（構成要件要素）ごとに，証拠構造を踏まえた検討を行い，起訴に至っているのであるから，最初から証拠構造型の証明予定事実記載書を提出することが容易であるように思われ，他方，弁護人としても，完全黙秘をしているような事案では，その弁護方針を決めるのに時間がかかることが多い。このような事例においては，少なくとも，早期打合せ期日の段階で何かしらの進展が認められない場合には，検察官は，最初から証拠構造型の証明予定事実記載書を提出することが求められよう。

[28] 模擬事例Ⅰは，完全否認の事件であるが，被告人の捜査段階の供述から，被告人と犯人との同一性が争点となることが確実に予想されるのであるから，検察官において，必要に応じて弁護人の意向を確認するなどした上，最初の証明予定事実記載書の段階から，証拠構造型で記載をすることが可能であったと考えられる。

[29] 検察官の中には，証拠構造型で書くのは時間を要する上，決裁手続等を考慮すると，起訴後2週間から3週間で証拠構造型の証明予定事実記載書を提出することは困難であると考えている者もいるかもしれない。しかし，早期打合せで弁護人に問題意識又は争点の見通しを明らかにしてもらうことにより，ほぼ全件で，最初の証明予定事実記載書から証拠構造を明らかにしてもらうという運用をしている裁判所もある。推認力が弱い間接事実をも含め，詳細かつ精密な立証をしようとすれば，その証拠構造を全て明らかにするには時間がかかるであろうが，重要な間接事実を中心として，その概要を記載すれば，争点整理の出発点としては十分なはずである。

また，かなり複雑困難な事案では，早期打合せで弁護人が問題意識等を明らかにした場合であっても，最初の証明予定事実記載書にその証拠構造を明示することができないこともあるであろう。その場合には，ショートストーリーによる最初の証明予定事実記載書（A4用紙1～2枚程度で，犯罪事実及び量刑上重要な事実をまとめたもの）に引き続き，できるだけ速やかに，次の証拠構造型の証明予定事実記載書を提出すべきであろう。

が記載されることも少なくない。問題意識等を明らかにしない理由には,弁護人が,どのような事件であっても全ての証拠の検討が終わらない限り争点の見込みも明らかにすべきではないという方針を採っている場合や,当該事件の内容,性質等を考慮してその事案においては明らかにしないという方針を採っている場合など,さまざまなものがあるから,一般的に,早期打合せの段階で問題意識等を明らかにすべき義務があるとは言い難い。しかし,少なくとも,弁護人には,裁判所が公判前整理手続をできる限り早期に終結させるように努めることに,進んで協力すべき義務があるから(刑訴法316条の3第2項),その一環として,裁判所や検察官との間で今後のスケジュール感を共有できるよう,例えば,問題意識を明らかにできそうな時期,主張を明示できそうな時期等についての見込みを伝えたり,検察官に先に証拠構造を明示してほしい法律要件を特定したりすべきである[30]。

　裁判所としては,早期打合せにおいて,弁護人が問題意識等を明らかにできないと述べた場合には,まずは,問題意識等を明らかにしてもらう趣旨,目的等を説明してその理解を得ることが重要である。それでも,弁護人の方針が変わらなければ,いつの段階であれば,弁護人の主張又は争点の見込みを明らかにすることができるのかを問い,その応答次第で,その後の進行を考えるべきである。

　例えば,検察官の証明予定事実記載書と証拠を一通り見た段階で,争点の見込みを明らかにするというのであれば,検察官にまずショートストーリーのみを記載した証明予定事実記載書を提出してもらうことで足りると思われる。それとは異なり,類型証拠開示がすべて終了し,その証拠を精査した上でなければ,主張を明らかにできないとか,いつになればその主張や争点の見込みを言えるのかも明らかにできないと述べるような場合,弁護人に早期検討を促すだけでは公判前整理手続の長期化を招きかねないことがある。事案の内容,弁護人の対応状況,被告人の捜査段階の供述状況等に照らし,弁護人が主だった法律要件の全てを争う可能性があると見られる場合には,裁判所から,検察官に対し,弁護人の応訴方針の明示を待つことなく,争われる可能性のある主な法律要件(想定される争点)について,証拠構造型の証明予定事実を明らかにするよう促すことも考慮されるべきである[31]。

30　他方で,実際の事例においては,検察官の中には,ショートストーリーの証明予定事実記載書さえ提出しておけば,弁護人が争点を明らかにしない限り,証拠構造型の証明予定事実記載書を提出しなくてよいと考えている者もいるように思われる。そのような事案では,検察官は,弁護人に対して,早く主張を明らかにするように促す一方で,自らは弁護人において適切な反論が可能なだけの証拠構造型の証明予定事実記載書を提出しようとはしない。裁判所も同様であり,弁護人に対して,早く主張を明らかにするように促すだけで,検察官に対する働き掛けは少ない。こうした事情が重なると,公判前整理手続はますます長期化することになる。

31　検察官は,証明予定事実を記載するについては,事件の争点及び証拠の整理に必要な事項を具体的かつ簡潔に明示しなければならない(刑訴規則217条の20第1項)から,ここでの検察官への促しは第1類型の争点及び証拠の整理にあたる。

(4) 証明予定事実記載書の内容に不十分・不適当な箇所がある場合の進行について

ア 問題状況

　　間接証拠型の証拠構造の事件において，検察官が，間接事実とそれを立証するための証拠を明らかにした証明予定事実記載書を提出すると，通常，その数日後に，打合せ期日又は公判前整理手続期日が開かれる[32]。

　　長期化事例の中には，証明予定事実記載書に，内容的に不十分・不適当な箇所があっても，証明予定事実記載書提出後に最初に開かれた期日において，弁護人からその旨の指摘や求釈明の申し出等がされず，裁判所も，その段階で，何らの対応もしなかったため，その後，その問題性を含んだ主張内容を前提として，反論や追加主張がされた結果，争点が拡散しているものがあった。

　　そして，争点が拡散したときに，裁判所がそれを放置しているものもあれば，争点が広がってから，これを絞り込もうとしたものの，収拾がつかず，争点と証拠の整理に苦労しているものもあった。特に，推認力がほとんどないような間接事実について詳細に反論がなされると，争点が拡散し，結論の判断に必ずしも重要ではない事実の証拠調べに多大な時間を要するなど，審理，評議が混乱する弊害が大きい。また，争点が拡散してからそれを絞り込もうとすると，検察官，弁護人の双方に対して求釈明をする事項が多く，最終的に整理するまでにかなりの時間を要しているという傾向がうかがわれた。

　　したがって，証明予定事実記載書の内容に不十分・不適当な箇所があった場合には，弁護人及び裁判所において速やかに対処する必要がある[33]。

イ 証明予定事実記載書提出後に最初に開かれる期日の在り方

　　証明予定事実記載書の内容に不十分・不適当な箇所があった場合には，証明予定事実記載書の提出後に最初に開かれる期日において，弁護人が，検察官の証明予定事実のうち，不明確な点を明確にするように求めたり，要証事実に対する推認力が不明な事実に関して推認の構造を確認したりすべきである。弁護人として，今後，予定主張を明示するためには，その前提として，検察官の主張内容を明確

---

[32] もっとも，長期化事例は，打合せ期日又は公判前整理手続期日の間隔が長い傾向があり，証明予定事実記載書提出後に最初に開かれる期日についても，相当日数が経過しているものが見られた。

[33] このような問題状況が生じている背景には，弁護人が，往々にして，検察官の主張する事実を否定したり，反論したりすることに意識が集中し，検察官の主張立証の相当性や許容性に目が向きにくいということがあるように思われる。例えば，検察官が同種余罪によって犯人性を立証しようとしているのに，そのような余罪は犯していないという主張に力点を置いた予定主張記載書面を提出している例もある。他方，裁判官の中にも，証明予定事実記載書の内容に不十分・不適当な箇所があっても，弁護人の予定主張記載書面が提出されるまでは積極的な働き掛けをしないとか，当事者の主張が尽きてから裁判所の判断を示すといった姿勢があると思われる。

　しかし，弁護人及び裁判所は，上記のように，証明予定事実記載書の内容が不十分・不適当なまま手続が進むと弊害が大きいことを改めて認識し，不十分・不適当な証明予定事実記載書が提出された場合には速やかに対処するべきである。

かつ具体的なものとして理解しておく必要があり，疑問点等があれば，あらかじめ，解消しておくべきであるからである。証明予定事実記載書の提出後の最初の期日は，そのために開くものであり，間隔を空けるべきではない[34]。また，期日でのやりとりも，書面ではなく口頭で行えば足りる[35]。

次に，証明予定事実記載書の内容に問題があるにもかかわらず，弁護人が検察官に対し問題提起や指摘をしない場合に，裁判所としてどのような対応をすべきかは，証明予定事実記載書の問題の中身（①主張として不明確なもの，②間接事実としての推認力がほとんどないか，かなり弱いと思われるもの，③検察官の立証命題との関係でみると，重複立証や過剰立証と思われるものなど）ごとに考えるのが相当である。

(ア) 不明確な主張への対応

主張として不明確なもの（①の場合）については，検察官が法令上の義務を果たしていないのであるから，裁判所は，第1類型の争点及び証拠の整理として，証明予定事実記載書提出後できる限り早期に，検察官に不明確な点について求釈明して，その内容を明確化させるべきである。弁護人が何らかの指摘をしないからといって，そのまま放置すると，その点に関する弁護人の反論等もポイントのずれたものとなって主張の整理が困難になるおそれがあるし，後々，証拠の採否の判断も困難になることが予想される。

(イ) 推認力がほとんどないか，かなり弱い間接事実の主張への対応

裁判所が検察官及び弁護人の主張を見て行う「推認力の強弱」の判断には，絶対的な基準から，その事実自体に推認力があるかどうかやその推認力の強弱を考えている場合と，主張されている他の間接事実の推認力と比較して，相対的に推認力の強弱を考えている場合がある。前者の絶対的基準により推認力がないという場合，その事実を立証するための証拠には自然的関連性がないことになるから，最終的には，その証拠を却下することができる。そのような事実については，弁護人が争わなくても立証させるべきではなく，裁判所としては，弁護人の反論を待つまでもなく，第2類型の争点及び証拠の整理として，検察官に対し，推認力があると考える根拠を求釈明し，その応答次第では，主張の

---

34 この作業は，記載された証明予定事実について行うものであり，弁護人が必ずしも証拠を精査できていなくても，十分に可能である。

35 長期化事例を見ると，証明予定事実記載書について弁護人が検察官に対し確認等を求める際には，求釈明書等の書面で行われていることが多い。しかし，書面ではその趣旨が伝わりにくいことが少なくないし，そのやりとりにも時間がかかるので，証明予定事実記載書の内容が不十分・不適当な場合のやりとりは，期日において口頭で行うべきであろう。

撤回を促すことも許容される[36]。

　他方，多少とも推認力がある場合には，裁判所は，証拠の内容を見ていない以上，推認力の強弱の判断には慎重さが求められる。また，主張された他の間接事実との比較で推認力が相対的にかなり弱いと判断できたとしても，その強い間接事実が確実に公判で立証できるとは限らないから，最終的にどのような主張を選択するかは，立証の難易等をも踏まえながら，検察官及び弁護人が自らの責任で決めるべきものである。したがって，このような場合には，裁判所としては，第3類型の争点及び証拠の整理の限度で働き掛けをすることになる。現状の準備状況のままでは争点が拡散するおそれがあるとして，公判前整理手続において，検察官及び弁護人に対して，主張の趣旨を確認したり，再検討を促したりすることになろう[37]。しかし，裁判所の働き掛けの仕方とその時期については注意が必要である。第3類型の争点及び証拠の整理は，検察官及び弁護人が自らの責任で行うべき事項に関し，主張や立証予定を見た限りでの裁判所の暫定的な考え方を伝え，検察官及び弁護人に再検討を促すという性質のものである。主張の撤回を強制できるものではないし，裁判所として，そのように受け止められるような言動をすべきでもない。また，検察官及び弁護人に再検討を促したものの，検察官及び弁護人が，検討を加えた結果，なお主張を維持したいということであれば，主張を許すべきであって，その前提で速やかに審理計画を策定すべきであり，何度も再検討を促すのは妥当でない[38]。

---

[36] もっとも，当事者から，絶対的基準で推認力がないというような事実が主張されることはかなり少なく，ほとんどの場合は，推認力が乏しいという程度にとどまっているように思われる。そうなると，自然的関連性の問題として，第2類型の争点及び証拠の整理をし得る場合はかなり限定されよう。

[37] この点につき，裁判所は，自然的関連性，法律的関連性なしとして証拠を却下できる場合でなければ，当事者追行主義の原則からして，その主張内容や立証計画に介入すべきではないとの見解もある。その見解によると，裁判所は，推認力の問題には一切立ち入るべきでなく，仮に検察官が推認力の低い間接事実をあれこれ主張立証することにより，審理が拡散し，裁判体が真の争点に関して的確な心証をとれない状態になったとしても，その責任は検察官及び弁護人が負うべきであるとされる。その見解の背景には，推認力が弱い事実が複数主張され，その立証のために多数の証拠が取り調べられることにより，検察官の主張立証が分かりにくくなれば，被告人，弁護人側に有利になるとの考えがあるように思われる。

　しかし，その前提は当を得ていない。推認力が強い間接事実も弱い間接事実も雑多に公判に出てきて，弱い間接事実についても手厚い立証がなされると，裁判員を含む裁判体が，多義的で推認力が弱い間接事実に注目してしまい，その有無や位置づけの検討に時間が割かれるなどして，重要な間接事実について的確な心証を採れなくなるおそれがあるし，そのような審理・評議を経て出された結論が，被告人，弁護人にとって必ず有利なものになるとも言えない。当事者が真に判断をしてほしいと考える実質的争点を明確にし，その点に集中した審理をすることによって，裁判員を含む裁判体に的確な心証をとってもらうことは，被告人，弁護人にとっても重要である。

[38] もちろん，その場合であっても，当該主張の重要度に応じた立証のボリュームとなるよう，裁判所から検察官及び弁護人に対し立証の再検討を促すのが相当であろうし，検察官及び弁護人が再検討に応じないような場合には，裁判所において，必要最小限の証拠に限定して採用したり，書証の分量や人証の尋問時間を制限したりすることもやむを得ないことがあろう。

　　　　また，それぞれの間接事実の推認力の強弱を踏まえて，検察官に対し，かなり弱い間接事実の主張の是非を再検討するように促す時期としては，弁護人の予定主張記載書面が提出され，証拠の認否が明らかになった段階（第2フェイズから第3フェイズに移るタイミング）が最も有効であると考えられる。検察官としては，推認力の強弱や立証の難易等を踏まえて，最終的に主張する間接事実を決めることになるが，弁護人がその事実を争うかどうかやその争い方，検察官請求証拠に対する認否等が分かるまでは，いずれの間接事実を主張していくかという方針が立てられないことが多いと思われるからである。もっとも，検察官の証明予定事実記載書を見た段階で，明らかに推認力が乏しく，その事実に関する立証の成否によって結論が左右されることはないといえるような間接事実については，第1フェイズの検察官の証明予定事実記載書が提出された直後の期日において，検察官に再考を促すことも許されるであろう。

　　(ｳ)　**重複立証や過剰立証への対応**
　　　　検察官の立証命題との関係でみると，重複立証や過剰立証と思われるもの（③の場合）も，基本的には，推認力の乏しい間接事実の主張への対応と同様に考えてよいと思われる。

3　【第2フェイズ】予定主張記載書面の提出まで
(1)　長期化事例における第2フェイズの問題状況

　　長期化事例の第2フェイズの問題状況として，①弁護人の予定主張記載書面の提出時期がかなり遅いこと，②同書面の内容が争点及び証拠の整理という観点から不十分であることが指摘できる。

　　まず，①弁護人の予定主張記載書面の提出時期については，速やかな提出を心掛けている弁護人もいるものの，長期化事例では，弁護人が延々と類型証拠開示請求を続け，その終了の見通しも明らかにせず，そのため，裁判所も催促をするものの，予定主張記載書面提出期限を定められず，結局，証明予定事実記載書提出から相当長期間が経過して，ようやく予定主張記載書面が提出されるといったことが，多く見られる。極端なものでは，1年以上経過しても予定主張を明らかにしていないという事例もあった[39]。もちろん，事案によっては検討に時間を要するものもあろうが，それほど複雑困難とは思えない事例でも同様の対応をしているものがあり，その原因を探り，どうあるべきかを検討する必要がある。

---

[39] 模擬事例Ⅰでは，類型証拠開示請求が延々と続き，弁護人の予定主張記載書面が提出されたのは，証明予定事実記載書1の提出から約11か月後となっている。その間，裁判所は，複数回にわたって「主張及び証拠意見について，準備ができたものから順次明らかにしてほしい」と催促しているものの，弁護人は，類型証拠開示請求が全て終わってから明らかにすると述べるだけで，今後の見通しさえも明らかにしていない。裁判所は，打つ手がないためか，「弁護人の準備に時間を要するようなので，次回は2か月後とする」などといった投げやりとも思われる進行管理をしている。これに類する進行となっている事例はそれなりに存在しており，公判前整理手続の充実という面から見ても大きな問題である。

次に，②弁護人の予定主張記載書面の内容については，弁護人の予定主張記載書面の記載が，争点及び証拠を整理するために十分でないことが多く，むしろ，弁護人が，予定主張記載書面で何を明らかにすべきかについて具体的なイメージを持っていないのではないかと思われる事例が多かった[40]。また，長文の物語式の証明予定事実に対し，長文の物語式の予定主張で対抗するなど，検察官の証拠構造と離れて，被告人の言い分を全て出すという予定主張記載書面も相当数あり，そのような事例では，争点の拡散を招く結果となりがちであった。公判前整理手続の充実を図るためには，弁護人の予定主張記載書面で明らかにされるべき内容を明確にしておく必要がある。

(2) 予定主張記載書面の提出時期

ア 迅速に提出すべき義務とその前提

　弁護人の主張明示義務を規定する刑訴法316条の17第1項は，検察官の証明予定事実記載書の送付を受け，かつ，検察官請求証拠及び類型証拠の開示を受けた場合において，公判期日においてすることを予定している事実上・法律上の主張を明らかにしなければならないとしている。弁護人の主張明示時期がこのように規定されているのは，検察官の主張立証の全体像が明らかにされ，その請求証拠の証明力評価に意味のある証拠を入手すれば，どのような反証を行うかの防御計画の立案が可能になり，そのような立証方針に沿った事実上・法律上の主張が可能となるからである。

　弁護人は，裁判所ができる限り早期に公判前整理手続を終結させるように努めることに，進んで協力しなければならないから（刑訴法316条の3第2項），法令の規定により求められている行為については，これを適時に適切に行うべきであって，その一環として，類型証拠開示請求及びその検討並びに検察官請求証拠に対する意見及び予定主張記載書面の提出についても，順次，できる限り迅速に行うべきである。

　もちろん，その前提としては，検察官の証明予定事実記載書において，争点及び証拠の整理に必要な事項が具体的かつ簡潔に明示されている（刑訴規則217条の20第1項）必要がある。長期化事例の中には，弁護人が予定主張記載書面の提出に時間を要したのは，検察官の証拠構造が不明確であったため，十分に理解できず，その主張や証拠の検討に時間を要したのではないかと思われる事例もあり，そうした事例においては，何度も行われた打合せ期日では，類型証拠開示請求の進捗状況を確認するにとどまり，結局，その開示がほぼ終了した段階になって初めて，弁護人が検察官に対する求釈明をし，ようやく検察官の考え方が判明する

40　例えば，検察官の証明予定事実記載の内容に対する認否だけを書いたり，公判で予定している積極主張がありながらその点を明確にしなかったりしたため，検察官からの求釈明を受け，予定主張記載書面を複数回にわたって出し直すなどし，最終的な予定主張記載書面提出までに数か月を要しているものも少なくなかった。

に至ったという経緯をたどっている。このような場合には，むしろ，弁護人は，まず，検察官の証明予定事実記載書が出された段階で，証拠構造を明確にさせるように求釈明を求めるべきである。

　弁護人が予定主張を明示するのに長期間を要する場合，弁護人なりの何らかの理由があると思われるので，以下，理由ごとに検討する。

イ　完璧に完成させたいという発想や後の不利益の懸念について

　まず，弁護人が，①あらゆる可能性を検討し，主張すべき内容を全て完成させた上で，予定主張記載書面を提出すべきであると考えている場合や，②一度出した予定主張の内容を後に変更すると，公判において，検察官によって主張の変遷を被告人の供述の信用性を減殺する事情として取り上げられ，被告人が不利な状況に追い込まれるといった可能性を懸念している場合が考えられる。

　これらに共通することとして，法の想定する公判前整理手続の進め方に関し，誤解があると思われる。公判前整理手続は，段階を踏んで証拠の開示と主張の明示を進めていくことにより主張の明確化や追加，修正等が行われていくことが当然に予定されている。予定主張を明らかにすれば，主張関連証拠の開示を受けられるのであって，開示証拠の検討を経て，主張をより明確にしたり，追加や修正をしたりすることは，法が当然に想定している。

　また，①の発想の根底には，予定している主張は全て一括して出せばよい（あるいは，一括して出すべきである）という考え方があるように思われる。しかし，例えば，複数の訴因が追起訴されて併合されている場合や争点相互に関連性がない場合[41]，個々の事件や争点に関する類型証拠の開示を受けていれば，その段階で，当該事件や当該争点に関する防御計画を立案することは可能であるから，別の事件や争点に関する類型証拠開示が終わっていなくても，主張を明示すべきであるし，複数の事件や争点に一定の関連性が認められる場合であっても，公判前整理手続を迅速に進めることに協力すべき弁護人の義務の一環として，主張できるところから順に主張するとともに，証拠の認否も明らかにできるところから順に明らかにしていくべきである。弁護人の主張が明らかにされた部分から，検察官は立証計画等公判の準備を進めることができ，予定主張が一括して示される場合よりも早く公判を開くことができる。弁護人も，主張できる部分をまず主張す

---

[41]　例えば，共謀共同正犯の事案において，実行犯が訴因の犯行をしたかどうかという争点は，被告人が共謀共同正犯の責任を負うかどうかという争点とは独立しているのが通常である。

ることによって，その主張に関連する証拠の開示を早期に受けられる[42]。

②についても，予定主張は，弁護人が法律家の観点から明示しているものであって，被告人の供述と連動しているわけではなく，被告人の供述の信用性を弾劾する事情にはなり得ない[43][44]。

以上からすると，弁護人は，類型証拠開示請求及びその検討並びに検察官請求証拠に対する意見及び予定主張記載書面の提出をできる限り迅速に行うべき義務があり，そのうち，できることからやっていくことが，弁護人にとってもメリットであるといえよう。

裁判所としては，弁護人が予定主張をなかなか提出しないという姿勢を示した

---

[42] 模擬事例Ⅰにおいては，被告人が捜査段階でアリバイに関する供述を変遷させたため，検察官が虚偽のアリバイの変遷という間接事実を主張するというイレギュラーな形となっているが，一般論として言えば，アリバイの主張は，弁護人において，被告人と犯人の同一性を争う中で，積極的な事実の主張として出されるのが通常である。被告人が犯人性を争い，弁護人に対し，当時の行動に関して具体的な説明をしているのであれば，早めにその主張を明らかにして，主張関連証拠の開示を受け，その内容を踏まえてアリバイの成立可能性を更に検討したり，弁護人側として新たな関連証拠を収集したりすることを検討すべきではないか。開示の時期が遅くなればなるほど，被告人に有利な証拠が散逸したり，関係者の記憶が曖昧になったりするおそれが高くなる。

[43] もっとも，アリバイ主張は，被告人の供述を基にしてされることが多いため，弁護人としては，後にその主張内容が変われば被告人に不利益に評価されるのではないかと懸念するのも，分からないではない。

しかし，被告人に当時の明確な記憶がなくとも，被告人の行動を知っている関係者の供述等に基づいてアリバイの主張がされることもあり得るのであるから，アリバイ主張だからといって，必ず被告人の供述と連動するわけではない。

また，被告人の供述に基づいてアリバイ主張がされたとしても，被告人が犯人でないとすれば，犯行当日とされる日も通常の日常生活を過ごしていたに過ぎないから，その当時の記憶を思い出せないのも何ら不自然でない。しかも，犯人でなくても，犯人と疑われている場合には，犯人ではないことを一刻も早く明らかにしたいという思いから，その者が，不確実なアリバイを述べたり，自分を庇ってくれるのではないかと信頼する人物と一緒にいたと述べたりすることも十分にあり得る。それにもかかわらず，検察官が公判において弁護側のアリバイ主張の変遷を被告人供述の信用性を弾劾する事情として主張しようとするのであれば，弁護人のアリバイの主張が被告人の供述に基づくものであるということに加え，被告人がそのように供述した理由を解明しなければならないが，それは，予定主張を弁護人がすべきものとしている公判前整理手続の制度設計と相容れないし，公判中心主義にも反する。

[44] 一審判決が，被告人の公判供述が公判前整理手続における予定主張から変遷していることを，同供述の信用性を否定する一事情として指摘した事案において，「公判前整理手続終了後にその趣旨を没却するような主張変更が許されないことは当然であるが，他方において，公判前整理手続においては，段階を踏んで証拠の開示と主張の明示を進めていくことにより主張の明確化や追加・修正等がされていくことが予定されているのであり，そこでは，主張が逐次変化していくことも制度上当然に織り込まれているというべきである。公判前整理手続での主張内容の細かな点を取り上げて，そこに変遷があったなどとして事実認定の資料とすることは，公判前整理手続の趣旨に反するおそれがあり，ひいては，今後，弁護人が早期に具体的な予定主張を明示するのを躊躇させる原因ともなりかねず，迅速な裁判の要請に反する結果をもたらすおそれさえないわけではない。」「一審裁判所の措置は違法の疑いがあり，仮に違法とまではいえないにしても，著しく相当性を欠くものといわざるを得ない。」と判示した大阪高裁平成25年3月13日判決（公刊物未登載）が参考になる。

ときは，弁護人に早期に主張を明示できない理由を確認し，その理由に応じて，以上に述べたような裁判所の考え方を説明することなどによって，主張できる部分から主張するように働き掛けるべきである。

ウ　被告人本人の問題について

　弁護人として，被告人の弁解が内容的に理解できないようなものであったり，被告人の弁解内容が安定せず，日によって違っていたり，質問の仕方によって変わったりするため，接見を繰り返しても，主張すべき内容が確定しない場合（被告人本人の問題型）は，やや事情を異にする。弁護人である以上，被告人との信頼関係を保ちつつ，被告人の意向を踏まえた弁護をしなければならないと考えるのは当然であるし，後々，被告人から弁護過誤のそしりを受けないためにも，通常よりも時間がかかるのはやむを得ない面がある。このような場合，被告人によっては，例えば，弁護人として法律上行うべき予定主張を組み立てるために，検察官の主張内容を説明した上で被告人の言い分を聴取しようとしたり，弁護人が裁判所からの求釈明に対応するために被告人にその意向を確認しようとしたりしているのに，その趣旨や目的が理解できず，かえって，弁護人に対する誤解や反発を強めたりしていることも多いようである。

　このような場合，裁判所は，予定主張記載書面を早期に提出できない事情を弁護人から聞き取り，その事情を把握した段階で，被告人を公判前整理手続期日に出頭させ（刑訴法316条の9第2項），裁判所から被告人に対して直接，これまでの公判前整理手続の進捗状況とともに，現在，弁護側がしなければならない事項やその理由を丁寧に説明することにより，検察官の主張に対する反論を求めている主体は裁判所であって，そうする必要があるということを理解してもらうことも一つの方法であるように思われる。その際，弁護人の了解を得て，被告人に口頭で検察官の主張に反論したいところを述べてもらうことも考えるべきである[45]。

(3) 証拠開示請求や裁定請求について

　最近ではかなり少なくなっているが，長期化事例では，証拠開示を巡る議論が紛糾し，裁定請求やその判断に対する即時抗告などに時間を要しているものがあった[46]。

---

[45] 研究員が検討の対象とした事件の中には，前記のような事情で弁護人がなかなか予定主張を明らかにできなかったのに，被告人を公判前整理手続に出頭させて裁判所が直接働き掛けた結果，局面が打開され，その後まもなく，予定主張が明示されるに至ったというものがあった。

[46] 紛糾の直接的原因は，検察官が弁護人の類型証拠開示請求に対し，類型証拠該当要件を厳格に解し，任意開示にも応じないことにあるが，その遠因には，弁護人が，例えば，早期打合せにおいて，問題意識や争点の見込み等を全く述べなかったり，全ての類型証拠開示が終わるまでは一切その主張を明らかにしないといった頑なな姿勢を示したりしていることに対し，検察官が反発や警戒感を持っているのではないかということがうかがわれる。

法が類型証拠開示と主張関連証拠開示という２段階の証拠開示の仕組みを設けた
　　のは，弁護人の防御の必要性と証拠漁り等の弊害とのバランスを考慮した結果であ
　　ることを踏まえ，例えば，法の要件にはそのまま該当するとは言い難くとも，弁護
　　人の防御の観点からすれば開示する方が望ましく，かつ，弊害も考え難いというこ
　　とであれば，公判前整理手続を迅速に進めるため，幅広く任意開示をすることが期
　　待される。その観点からは，実務において，以前と比較し，任意開示の範囲がかな
　　り広がっていることは望ましいといえる。
　　　また，裁定請求についても，任意開示の範囲が広がるとともに，証拠開示に関す
　　る判例が蓄積したことなどにより，以前よりも数が減っており，最近では，裁定請
　　求が公判前整理手続を長期化させている事例はそれほど多くないであろう[47]。

(4) 予定主張記載書面の記載内容
　ア　弁護人が主張を明示すべき事項に関する基本的考え方
　　　争点及び証拠の整理という観点から，弁護人が主張を明示すべき事項に関する
　　基本的な考え方を整理しておきたい。
　　(ア)　積極的な事実の主張
　　　　争点及び証拠を整理するに当たっては，法律要件上の争点の証拠構造が間接
　　　証拠型である場合には，具体的な間接事実レベルにおいてどの事実がどのよう
　　　な形で争われ，その判断のためにはどのような証拠を調べれば足りるのかを確
　　　定させる必要がある。そのためには，弁護人は，予定主張において，検察官の
　　　主張する主な間接事実のうちで争うものを特定して明示するとともに，その争
　　　い方として，積極的な事実を主張して争う場合には，その具体的事実とその立
　　　証方法を明示しなければならない。なぜなら，弁護人の積極的な事実の主張が
　　　ある場合には，具体的な事実レベルの争点として，弁護人の主張事実の存否が
　　　問題となる上，弁護人の主張事実の内容によっては，検察官がその事実の存否

---

[47] 検察官と弁護人の対立が先鋭化している事件では，現在でも，裁定請求に関する問題が残っている。
例えば，模擬事例Ｉでは，被告人のアリバイの存否に関し，弁護人は，被告人が犯行当時にいたと主張
するパチンコ店の防犯カメラ映像一切の開示請求をしたのに対し，検察官が，一部の防犯カメラは映像
を録画しておらず，また，一部の防犯カメラ映像は保存期間切れで消去されていて，これらは不存在で
あると回答したことから，不存在ではアリバイの検討ができないという理由で，裁定請求（証拠開示命
令請求）をしている。
　検察官が「不存在」と回答したものについて裁定請求がされた場合は，裁判所は，検察官に不存在の
理由を具体的に説明するように求め，場合によっては担当者の証人尋問などの事実の取調べをして，真
偽を確かめる必要があるが，最終的に検察官が「不存在」とするものを証拠開示させるような強制手段
はない。他方，公訴事実の立証責任は検察官が負っているのであるから，有罪無罪に関わる証拠が不存
在であることは，被告人に有利に援用できることが多いであろう。模擬事例Ｉの場合は，アリバイの不
存在という検察官の主張を支える証拠が不十分であり，被告人がアリバイを主張する場所にいなかった
という証明ができなくなるという関係にあるのであって，弁護人としては，被告人がその場にいなかっ
たという証拠が存在しない以上，アリバイが成立する可能性があると主張すればよい。裁判所は，弁護
人に，そのような観点での検討を促してもいいのではないだろうか。

に関し，反証をすることが考えられるところ，反証をするかどうかが決まらないと，事実の存否の判断のためにはどのような証拠を調べれば足りるのかという最終的な証拠調べの範囲が確定しないことになり，全体の審理計画が策定できないからである。

そのほか，証拠構造が直接証拠型であっても間接証拠型であっても，積極的な事実の主張として予定主張において明示を要するものには，要証事実そのものの存在を否定するために，要証事実の不存在を積極的に主張立証する場合がある。例えば，被告人と犯人との同一性に関し，別の犯人の存在を主張立証したり，被告人のアリバイを主張したりすることなどである。この場合も，積極的主張をする具体的事実とその証拠方法を明示しなければならない。

また，弁護人において，被告人の捜査段階の供述の任意性を争うなど，ある証拠の証拠能力を争う場合も，証拠能力が否定されるべき具体的事情を主張する必要がある[48][49]。

(イ) 具体性，明確性の程度

それでは，積極的な事実の主張がある場合に，どの程度の具体性，明確性が求められるか。まず，弁護人が，公判で抽象的な事実しか主張しないのであれば，予定主張としても，その抽象的事実を明らかにすればよい[50]。なお，弁護人が予定主張として抽象的な事実しか記載されていない書面を提出した場合には，裁判所は，それ以上の具体的事実は主張立証しないという趣旨であるかど

---

[48] 模擬事例Ⅰでは，弁護人は，予定主張記載書面で被告人の捜査段階の供述の任意性を争う理由として「捜査官によって誘導されたものである」と主張している。弁護人が被告人供述の任意性を争う場合，検察官において任意性に疑いを生じさせる事情が全て存在しないということを積極的に立証することは困難である上，取調官の証人尋問を実施しても焦点の当たらない尋問となってしまうことから，まずは，弁護人において，任意性に疑いを生じさせる具体的事情を主張すべきであった。裁判所としても，「誘導された」という主張だけでは任意性に疑いを生じさせない旨を指摘し，弁護人に対し，より具体的な事情を主張するように求めるべきであった。

[49] 長期化事例を見ると，弁護人が任意性を疑わせる具体的事情をなかなか明らかにしないものが相当数見られた。弁護人が早期に明らかにしない原因は不明だが，取調べに関する被告人の不満が，任意性に疑いを生じさせるものか，信用性の問題か，という見極めが不十分という印象を受ける（被告人が「捜査官から無理矢理言わされた」と述べていたため，任意性を争うと主張したものの，結局は信用性の問題に過ぎないことは実務上多い。）。任意性の問題は，法律家としての視点からの検討が期待される。この点について，裁判所としては，弁護人が乙号証の任意性を争う意向を示した段階で，具体的事情の骨子を口頭で聞き取り，それが任意性の問題となり得る場合には，その詳細な内容を記載した書面の提出を求め，任意性の問題となり得ない場合にはその旨を指摘することが考えられる。また，捜査段階の被告人供述の位置付けによっては，検察官において，被告人供述以外の証拠による立証に重点を置くことにより，任意性，信用性の問題を争点から外すことも考えるべきであり，裁判所も，そのような働き掛けを検討すべきである。

[50] 例えば，被告人のアリバイに関し，被告人は，当時，友人の自宅を訪問し，一緒にテレビを見ていたと公判で主張する予定であるが，友人の氏名，住所については，被告人が黙秘するので，公判でも主張立証しないというのであれば，予定主張において，友人の氏名，住所を明示する必要はない。

うかを求釈明する必要がある。

　逆に，公判では，詳細かつ具体的な事実を主張立証することを予定している場合に，どの程度，簡潔に記載することが許されるのであろうか。弁護人が被告人質問のみで具体的事実を立証する場合には（その場合も，主張を明示する必要があることについては，後記のとおり。），検察官が反証の要否を検討できるだけの具体性を持っていなければならないという要請が働くことになる。被告人質問については，被告人に黙秘権がある一方，公判で適宜の供述をすることを制止することは困難であることもあって，供述予定要旨書面の閲覧謄写という仕組みがないからである[51]。もっとも，それは，裁判所が，具体的事実レベルにおいて何が問題となっており，そのための証拠として何を採用し，何を却下すべきなのかが判断できる程度の具体性と違いはないと考えられる。また，予定主張記載書面として記載する具体性の程度が，その立証方法が証人か被告人かによって異なると考えるのは，解釈論としても無理があろう。したがって，具体的事実として何が問題となるかが分かり，検察官が反証の要否を検討できるだけの具体性が必要であり，かつ，それで足りるということになる[52]。

イ　間接事実に対する弁護人の争い方に関する主張

　検察官の主張する間接事実に対する弁護人の争い方としては，①その間接事実を立証するための検察官請求証拠を反対尋問等で弾劾するという方法（弾劾型），②その間接事実と両立しない事実を積極的に主張立証するという方法（積極否認型），③その間接事実と両立するものの，その推認力を減殺する事実を積極的に主張立証するという方法（間接反証型）があり得るが，②の積極否認型と③の間接反証型では，弁護人は，積極的な事実の主張を明示しなければならない。

　他方，弁護人が，検察官の主張する間接事実に対し，積極的な事実の主張を明示しなければ，①の弾劾型ということになる。主張の明示としては，「争う」だけで足りるものの，②や③との区別を明確にするため，「この事実に関しては，積極的事実の主張はしない」旨を明らかにすべきである。予定主張記載書面にその旨の記載がなく，単に「争う」と記載されている場合には，裁判所は，積極的な事実の主張があるかどうかを求釈明する必要がある（第1類型の争点及び証拠

---

[51]　立証方法が証人である場合には，弁護人は検察官に対し，刑訴法316条の18第2号の供述予定要旨書面を閲覧謄写する機会を与えなければならないとされているため，反証の要否の検討という観点での不意打ち等が生じるおそれは考え難く，あくまでも，裁判所にとって，具体的事実レベルにおいて何が問題となっており，そのための証拠として何を採用し，何を却下すべきなのかが判断できる程度の具体性を持っていれば足りる。

[52]　例えば，アリバイの主張をする際には，被告人がいつ，どこで，誰と一緒にいたかを具体的に明らかにする必要があるが，それ以上に，被告人がその人物と会った理由，その人物と会った際の会話の内容など，細部にわたる状況等まで明らかにする必要はないのが一般的であろう。

の整理)[53][54]。

ウ 間接事実の推認力に関する主張

間接事実の推認力に関する主張は，予定主張として明示する必要はない。間接事実の推認力を減殺する事実を主張することなく，検察官の主張する間接事実の持つ推認力の評価を公判で争う場合は，具体的事実レベルでは争いはなく，証拠調べの範囲に何ら影響しないから，予定主張として，「推認力の強さを争う」旨を明示する必要はない。また，推認力の強さに関する主張の一環として，公判において，抽象的なレベルで他の可能性を主張する場合も，推認力の強さの評価の裏返しに過ぎず，証拠調べの範囲に何ら影響しないから，予定主張として，「〜という可能性がある」旨を明示する必要はない[55]。

エ 証拠の評価に関する主張

証拠の評価に関する主張についても，その証拠自体に含まれる事情に基づいて公判で主張する場合には，予定主張として明示する必要はない。証拠を請求する者は，その証拠価値をあらかじめ検討しているはずであるし，証拠調べの範囲に

---

[53] 模擬事例Ⅰでは，証明予定事実記載書２（別紙２）の２項の犯行現場付近で発見されたＭ銀行の封筒から被告人の指紋が検出されたという間接事実は，推認力が強い間接事実として重要な争点となることが考えられる。この点に関する予定主張記載書面の第２の２項の弁護人の主張は，指紋が検出されたことは「不自然である」などとするもので，指紋が検出されたことを争うのかどうかが不明であって，必要な主張が明示されていない。弁護人は，封筒に指紋が付いていたことを争うかどうか，指紋が付いていたとすればその理由について何らかの可能性に関する事実（別の機会に付いたという主張をするのであれば，いつ，どのように付いたのか）を積極的に主張するかどうかを明示すべきである。

[54] 模擬事例Ⅰでは，２項強盗の目的があったかどうかに関し，検察官の主張する主な間接事実は明確ではないものの，証拠構造からすると，平成25年１月頃に25万円の消費貸借がされたことを直接立証するようにはなっていない。むしろ，被害者のメモや犯行直前の言動等により，被告人に犯行直前の時期に25万円の借金残高があり，その返済を求められていたという点を主張・立証するという証拠構造となっており，そちらが中心となっていると考えられる。そうだとすると，弁護人は，当時，25万円の残債務があり，返済を求められていたという点を争うかどうか，争うとすれば積極的に新たな主張をしてその反証をするかどうかを明示すべきである。

[55] 模擬事例Ⅰにおいて，「犯行直前に被害者と車に同乗していた人物は青い服を着ていたが，被告人も当日青い服を着ていた」という検察官の主張する間接事実に対し，公判で「世の中には青い服は多数流通しており，当然，被害者の同僚や知人の中にも青い服を持っている人物は多数いると考えられるから，当日，被告人が青い服を着ていたからと言って，犯行直前に被害者と車に同乗していた人物が被告人であると考えるのは論理の飛躍である」と主張することを予定していても，予定主張として，これを明示する必要はないことになる。これらの抽象的可能性は，検察官が間接事実を主張する段階で，その推認力の評価として考慮しているはずであって，改めて反証をするかどうかを考えるといったような性質のものではないというべきである。

何ら影響しないからである[56]。他方，その証拠自体に含まれていない外在的な事実を新たに主張立証することによって証拠の評価を争う場合には，予定主張を明示すべきである[57]。

オ 供述の信用性に関する主張

なお，供述の信用性に関しては，証拠の評価のレベルの問題か，具体的な補助事実という事実レベルの問題であるかという問題を踏まえつつ，公判前整理手続においてあらかじめ主張整理することが公判中心主義等の観点からみて適当かどうかを考える必要がある。この点については，その一部を本章の第3フェイズで触れるとともに，第3の「直接証拠（共犯者供述）型における争点及び証拠の整理」で論じることとする。

カ 被告人質問のみで立証する積極的な事実の主張

被告人質問のみで立証する積極的な事実の主張について，予定主張として明示しなければならないかについては，これまで，弁護人の中では消極説が根強く残っていた。被告人の黙秘権を侵害するのではないかという制度的批判のほか，被告人質問の内容をあらかじめ明らかにすれば，検察官に補充捜査等によって弁解潰しの準備をされてしまうという意識があるように思われる。しかし，事実の内容によっては，検察官において反証をする必要があり得るところ，それが公判審理になってから初めて明らかになった場合には，検察官において「やむを得ない事由」（刑訴法316条の32）があるとして，新たに証拠請求がされることになって，公判前整理手続で決めた審理計画が崩れてしまう。そのようなことにならないようにするため，具体的事実レベルで何が争われていてそれを判断するためにはどのような証拠を取り調べればいいのかを確定するのが，公判前整理手続における争点及び証拠の整理の本質である。そうしなければ，真の審理計画の策定ができない。被告人質問のみによって立証する積極的な事実の主張についても，弁護人は，主張を明示しなければならない。

この点について，例えば，被告人質問のみに依拠するアリバイ主張は，認められる可能性がほとんどなく，検察官の反証の必要性もないであろうから，明示をしなくてもいいのではないか，という意見もないではない。しかし，他の証拠の

---

[56] 模擬事例Ⅰにおいて，弁護人は，予定主張として，「封筒から被告人の右手中指の指紋1個だけが検出されるのは明らかに不自然である」ということを主張しているが，その趣旨が「被告人が封筒を触ったとすれば，右手の親指や人差し指の指紋も付着しているはずである」ということに過ぎないのであれば（そのような主張に意味があるかどうかはさておき），証拠それ自体から明らかなことを弁護人なりに評価しているに過ぎないから，明示する必要はない。

[57] 模擬事例Ⅰにおいて，「被告人は，取調べの際，捜査官からその封筒に見せられて尋問を受けたが，その際，被告人が封筒をよく見ようとして手を伸ばした際，右手の人差し指か中指だけが封筒の表面に触れた可能性があり，そうでなければ，指1本の指紋だけが検出されるのは不自然である」という主張を公判ですることを予定している場合には，検察官に，被告人のいう取調べ時の状況に関して，反証の検討の機会を与える必要があるから，その予定主張を明示する必要があることになる。

裏付けがなくても，被告人質問における供述の具体性，迫真性等によっては，被告人の供述が信用できると考えられ，結果として合理的な疑いが生じる場合は当然あり得る。そういったことも含めて，反証の必要性があるかどうかを判断して決めるのは，公訴事実の立証責任を負う検察官であるから，検察官には，公判前整理手続において，反証の検討の機会を与えなければならない。最高裁も，被告人質問のみによって立証する積極的な事実の主張についても，弁護人には主張明示義務があることを前提とする判断を示している（最二小決平成27年5月25日刑集69巻4号636頁）[58]。

4 【第3フェイズ】検察官及び弁護人の主張提出後

(1) 長期化事例における第3フェイズの問題状況

長期化事例の第3フェイズの問題状況としては，検察官及び弁護人における求釈明の求め方，ひいては裁判所の求釈明に対する姿勢の在り方に問題があることが指

---

[58] 関連する問題として，最も難しいのは，供述調書に記載された限度で検察官請求証人が供述する限りでは，弁護側の反証として被告人が供述する意味がない事実であるが，公判における弁護人の反対尋問に対する証人の証言内容如何によって，反証として被告人が供述する意味があることになる事実について，弁護人は，あらかじめ主張を明示しなければならないかどうか，という問題である。

例えば，犯行直前に被告人が犯行現場から100メートル離れた場所にいたという間接事実に関し，犯行前に当たる時間帯にその付近で被告人を目撃したと供述する予定の証人がいるが，証人の供述調書には，その時の天候や被告人の服装，歩く速さは触れられていない。被告人の言い分は，犯行前にその付近を通りかかったことは間違いないものの，それは，急に雨が降り出した直後なので犯行時刻の約30分前であり，その際，頭にタオルを乗せながらその付近を早足で通り過ぎ，近くの駅から急いで電車に乗って帰宅したので，犯行現場には行っていないというものである。弁護人は，被告人の述べる内容からすると，証人が被告人をきちんと目撃できたのかには疑問があり，別の人物を被告人であるかのように述べているのではないかと考えている。その場合，弁護人は，被告人の当時の具体的な行動状況等を予定主張として明らかにすべきであろうか。

弁護人の弁護方針としては，証人に対し，反対尋問において，被告人を目撃した時間が何時か，その際の天候はどうであったか，その際の被告人の様子はどうであったかなどを質問し，仮に，証人が，その際に時計を見たので，被告人を見た時刻は何時何分であることは間違いないし，その際，まだ日の光が当たっていたので，ゆっくり歩いている被告人の様子がしっかり見えたと答えれば，被告人質問で，それに反する具体的事実やその根拠を語らせることになろう。しかし，そういった事実を予定主張として明らかにしなければならないとすると，検察官と証人は，弁護人の予定主張を念頭に置いて証言の準備をするであろうから，弁護人の反対尋問が効を奏さなくなってしまう危険性がある。

この点については，以下のように考えてみてはどうだろうか。すなわち，検察官の主張する間接事実に対して積極的な事実の主張をすることが予定されている場合には，弁護人はその争い方を予定主張として明らかにする必要があるというのが法の枠組みであるが，前記の事例の場合，弁護人が反証として被告人が供述する必要があると考えている事実は，公判前整理手続においては，検察官の主張する間接事実に対する積極的な主張ではなく，公判において，それを立証するための証人の証言内容如何によって，初めて，積極的な事実の主張としての意味を持つものである。そのような事実は，その前提となる証人の証言がなされて初めて反証の必要性が生じるものであるから，その事実を立証するための証拠請求等には「やむを得ない事由」があると解される。結論の妥当性からみても，反対尋問権を保障するためには，そのように解するのが相当であると思われるが，今後の検討課題としたい。

摘できる。

　第2フェイズまでの手続が理想どおりに進行していれば，検察官が証明予定事実記載書に主要な間接事実を明示し，弁護人が予定主張記載書面に検察官が明示した主要な間接事実のうち争う部分とその争い方を明示しているはずであるから，第3フェイズでは，さらにそれを深化させ，弁護人の積極的な事実の主張につき，検察官がその積極的事実を争うかどうかやその争い方を詰めていけばいいはずである。しかし，実際は，検察官の証明予定事実について，証拠構造全体の構成が不完全であったり，個々の間接事実の内容が不明確であったり，その事実が請求証拠と整合していなかったり，あるいは，請求証拠からは，明示していない間接事実を立証しようとしているのではないかと疑われるようなものがあったりする一方，弁護人の予定主張についても，争うべき点がきちんと明示されていなかったり，争い方の記載が抽象的で，積極的な事実の主張があるのかどうかが不明であったり，その立証方法がきちんと明示されていなかったりするなどして，双方の主張や証拠が十分にかみ合っていないことが多い。

　当事者追行主義や迅速かつ円滑な手続進行の観点からすると，そのかみ合わせのためには，検察官と弁護人との間で，相手方の主張の不明確な部分や不十分な部分の趣旨・内容等を問い合わせ，任意に主張を補充するのが望ましい。しかし，研究員が検討をした記録の中には，そのような自主的なやり取りがされた形跡はほとんどなく，ほぼ全ての事件で，裁判所に求釈明を求めている[59]。そして，長期化事例をみると，検察官又は弁護人の求釈明の求めが，争点及び証拠の整理にとって必要な範囲を越えているのではないかと思われるものがある一方，争点及び証拠の整理に必要な内容とはなっていなかったり，裁判所が求釈明をすべきなのに求釈明をしていなかったりするものもあった。争点及び証拠の整理のために，どのような事項について求釈明をするべきか，ひいてはそもそも検察官及び弁護人はどのような事項を主張すべきかについて，共通認識がないように思われた。

　したがって，第3フェイズでは，裁判所が，適切に求釈明を行うことが極めて重要である。しかし，長期化事例では，裁判所が適切に対応していないものがかなり多かった。

　例えば，一方から求釈明が求められると，それが明らかに釈明の必要性がない内容にわたるものや，求釈明事項の内容・趣旨が不明確なものであっても，裁判所は，とりあえずそれをそのまま相手方に丸投げをして，検討をするように求めている例がかなり多い。そのような事例では，相手方が「持ち帰って検討する」旨の応答をすると，漫然とその持ち帰りを許しているが，結局，その後に「釈明の要なし」などの釈明書が提出されるだけである。また，検討を委ねた結果が「釈明の要なし」

59　おそらく，当事者はそれぞれが自らの主張として必要かつ十分であると考えたことを記載しているため，主張の補充の必要性等につき，裁判所による判断の介在が求められているものと思われる。

との回答になった場合，裁判所としても釈明の必要性がないと考えているのかどうかを明らかにしないため，求釈明を求めた検察官又は弁護人が，更に，求釈明を求める事情やその必要性・重要性等を補充した書面を提出し，ぜひとも求釈明をしていただきたいといった上申書（同一内容の求釈明）を出したり，「釈明の必要性がないとした理由を明らかにされたい」といった求釈明を求めたりして，いつまでも求釈明の問題が決着しない事態になっている。

また，一方から求釈明の申し出がされる事例では，対抗意識からか，相手方からも求釈明が求められることが多いが，裁判所が適切に交通整理をしないことから，何期日にもわたって求釈明合戦が続き，手続の流れを全体としてみると，第3フェイズになってから，争点及び証拠の整理に時間を要し，公判前整理手続がかなり長期化したと評価せざるをえない事態となっている[60]。

(2) 裁判所の求釈明の基本的な在り方
ア 求釈明の対象について

間接証拠型の事例では，証明予定事実記載書において主要な間接事実とそれを立証する証拠が明らかにされる一方，予定主張記載書面において，それに対応した形で，そのうち争うべき部分及びその争い方並びに積極的な事実の主張があるときにはそれを立証する証拠が明らかにされる。検察官及び弁護人は，それぞれ相手方の主張内容が本来あるべき形で明確になっているか，その主張内容と請求証拠ないし証拠意見が整合しているかなどを点検し，不明確な点や整合していない点などがあれば，求釈明を求めるべきである。しかし，それ以上に，審理計画の策定に必要な範囲を超えて，公判で明らかにすべき証拠の内容に立ち入って，相手方の手の内を知ろうとすべきではない。

裁判所としても，双方の主張書面が提出された第3フェイズの段階で，検察官及び弁護人双方の主張や証拠の認否に照らし，具体的な事実レベルにおける実質的な争点が何か，その点を判断するためにはどの証拠が請求されているのかが明確になっているかを確認し，不十分な点があれば，検察官及び弁護人が求めない場合であっても求釈明等をして，争点及び証拠を整理していくべきである。これらは，第1類型の争点及び証拠の整理であるから，裁判所がその主体的判断で行うべきことである。長期化事例における求釈明の問題状況の原因は，その大半が第1類型の争点及び証拠の整理としての求釈明の不行使にあることを認識し，意識的に取り組むべきであろう。

---

[60] 一方当事者からの求釈明の申し出が争点及び証拠の整理にとって必要な範囲を越えている場合において，裁判所がそれを相手方に丸投げして検討させて，相手方が釈明に応じている事例では，公判における証人又は被告人の予定供述の内容に詳細に立ち入ったり，証拠の信用性等の評価を議論したりしている。なお，当事者が求釈明のことを何ら持ち出していないのに，裁判所が，弁護人に対して，求釈明があればするように促して求釈明の期限を定め，その際，どのような求釈明がどの程度出されるのかも不明なのに，求釈明に対する回答期限まで定めている事例もあった。

また，検察官及び弁護人の主張立証予定をそのまま公判で実施すると争点が拡散するおそれがあると思われる状況になってきた場合には，検察官，弁護人においては，結論に影響を及ぼす判断のポイントはどこかを考え，自らの主張及び証拠を判断のポイントに絞ったものとするとともに，相手方に対しても，その働き掛けをすべきであろう。もし検察官及び弁護人が自主的にそのような絞り込みをしないときには，裁判所は，充実した審理のため，争点が無駄に拡散しないように，検察官及び弁護人の主張や証拠に関し，その推認力の強さや結論への影響の有無等をどのように考えているのかについて釈明を求め，判断のポイントとはかけ離れていると考えられる部分については，再検討を促すなどの働き掛けをする必要がある。ただし，それは，充実した審理を目的とした第3類型の争点及び証拠の整理である。主張すべき事実の選択や相手方の主張に対する争い方は，最終的には，検察官及び弁護人の判断と責任において行われるべきであり，裁判所としては，証拠の内容を見ていないという限界を十分に踏まえ，その権限行使に謙虚であるべきである[61]。

　求釈明は，争点及び証拠の整理の手段であるから，検察官又は弁護人から求釈明の申し出があった場合，裁判所は，争点及び証拠の整理にとって必要かどうかという観点から，その当否を検討すべきである。検察官又は弁護人の求釈明の申出書に記載された内容だけでは求釈明の必要性が不明であれば，まず，求釈明を求めた一方に対し，その必要性を説明させるべきであり，その結果，求釈明の必要性が認められなければ，求釈明をしないという判断を相手方に明確に示すべきである。

イ　求釈明の手続について

　手続の流れとしては，求釈明を求める検察官又は弁護人は，公判前整理手続期日に口頭で議論してその日に釈明を受けられるように，相手方の検討に要する時間を考慮して，事前に，求釈明申立書を出すようにすべきである。相手方は，求釈明申立書が提出され次第，争点及び証拠の整理という観点で，釈明をする必要があるかどうかを検討し，釈明すべき必要性がないと考える場合にはその理由につき，釈明する場合にはその釈明内容につき，期日に説明できるように準備をす

---

[61] その際，立証責任を負う検察官に対する求釈明と，検察官の立証に合理的疑いを生じさせればよい弁護人に対する求釈明では，その有り様が異なる面があることに留意すべきである。検察官は，要証事実につき，合理的な疑いを入れない程度に立証する必要があり，そのためには，推認力が強い間接事実を中心とした立証がされなければならない。弱い間接事実をいくら寄せ集めても，要証事実を推認できないことが多いのであるから，裁判所として，検察官に対し，推認力の強弱を踏まえた立証を求めることには合理的理由がある。他方，弁護人は，検察官の立証に合理的疑いを生じさせればよいのであるから，消極的間接事実の反証としての推認力が弱い場合であっても，何らかの消極的推認力があれば，その立証を制限することはできないのが通常であろう。もっとも，全く意味がない立証や明らかな重複立証については，弁護人に対しても，再検討を促すべきである。

べきである。既に主張として明らかにした事項や証拠を見れば明らかな事項については，釈明の必要性がないといえるが，単に，釈明の必要性がないという意見を述べるよりも，当該主張の記載部分や証拠を特定して指摘をするのが望ましい。公判前整理手続期日では口頭で求釈明の必要性等を議論し，最終的には，裁判所が必要であると判断して釈明を求めた点に限って相手方は釈明すべきである。書面で回答する必要はなく，期日に口頭で回答すれば足りることが多い[62]。

(3) 供述の信用性（供述の変遷）に関する主張の取扱い

ア 問題状況

間接証拠型の事案でも，間接事実の存否が供述証拠によって立証される場合，公判ではその供述の信用性が問題となることがある[63]。長期化事例でも，公判前整理手続において，供述の信用性に関わる事実（例えば，供述経過や供述の変遷状況）の主張が詳細になされたものがある。特に，検察官は，被告人の弁解が捜査段階で変遷している場合やその内容が不合理である場合には，それを積極的間接事実であるかのように主張することが多い。また，供述の信用性が問題となる事例の多くは，被告人の不利益供述の内容が間接事実となっている場合である。被害者や目撃者などの第三者の供述の内容が間接事実になっている場合に，その供述の信用性に関する事実まで立ち入っている例はほとんど見当たらなかった[64]。

イ 供述の変遷の取扱いについて

前提として，供述の変遷や弁解の不合理性が積極的間接事実になるかについては，様々な見解がある。詳述を避けるが，一般的には，原則として積極的間接事実とはならず，ごく限られた類型の事件では積極的間接事実となる余地があるが，その推認力はかなり弱い，というものであると思われる。そうであるとすると，仮に検察官が積極的間接事実であるかのように主張していても，原則として，被告人の弁解の信用性の問題として考えればよい。

したがって，裁判所がその信用性を検討すべきなのは，公判における供述である。捜査段階の供述に焦点を当て，その信用性を検討するというのは，裁判員裁

---

[62] 模擬事例Ⅰにおける求釈明のやり取りは，長期化事例でよくあるパターンであり，問題が多い。具体的な分析は別添「第3フェイズにおける模擬事例Ⅰの検討」（本報告書39頁以下）のとおりである。

[63] 供述の信用性に関する補助事実に関し，主張整理をするべきかどうかについては，第3の4で触れるが，直接証拠型の事案においては，検察官の証明予定事実記載書の在り方（第1フェイズ）から問題となるのに対し，間接証拠型の事案においては，検察官が弁解の不合理性等を積極的間接事実として主張した場合でない限り，証拠の認否が出された後の第3フェイズになってから，この問題が浮上してくるという違いがある。

[64] このことは，争点は証拠から直接立証する対象となる具体的事実レベルでとらえるべきであって，供述の信用性自体を争点ととらえるべきでないし，供述の信用性に関する補助事実についても，第三者の供述に関しては，公判段階でいきなり出されると不意打ちになって審理計画が崩れてしまうようなものは通常考えがたいということを示唆しているように思われる。

判になじまないし，公判中心主義にも反する。公判供述の信用性を検討するに当たり，捜査段階の供述との矛盾等を指摘したいのであれば，公判における被告人質問において，捜査段階では別の弁解をしていた事実を確認し，供述を変えた理由を質問するなどした上，論告で，公判供述の信用性を損なう事情の一つとして，その旨を主張すれば足りる[65]。供述内容の信用性に関する事情をどの程度取り上げるかは，公判において臨機応変に対応すべきものであって，原則として，公判前整理手続の段階で，公判で主張することを予定する事実として扱う必要はない[66]。

　もっとも，弁護側が被告人の供述の信用性を高める事情として，積極的な事実の主張を予定している場合，それが一方（弁護側）の独自調査で把握したもので，公判でいきなり出されると，相手方（検察側）にあらかじめ反証の検討の機会が与えられておらず，不意打ちとなり，当初の審理計画が崩れるようなものであるときには，主張明示義務があるといえる。供述の変遷についていえば，供述が変遷しているという事実は，検察官及び弁護人双方が把握している事実であるから，主張明示の対象ではない。その変遷理由については主張明示の対象とならないことが多いが，なる場合もある。すなわち，供述が変遷した原因は，基本的に被告人の心理状態（記憶の不明確さや新たな記憶の喚起，虚偽供述をしようとする動機等）に起因することが多いと思われ，その範囲にとどまる限り，供述内容の自然性，合理性の問題であって，検察官の反証の検討の機会を考慮する必要はないし，審理計画に影響を与えるものでもない。他方，その範囲を超え，例えば，供述の変遷理由が第三者の被告人への働き掛けなど，被告人側のみが知っている外部的事情による場合には，あらかじめ検察官に反証の検討の機会を与える必要があり，場合によっては，審理計画に影響することもある。そのような外部的事情は，予定主張として明示をしなければならないというべきである。そうすると，検察官が求釈明を求めるべきなのは，供述の変遷理由に関し，被告人に対して外部からの働き掛けがあったなどの外部的事情を主張するかどうか，主張するのであればその具体的内容である。裁判所としては，検察官が供述の変遷理由の求釈明を求めても，弁護人に対しては，変遷理由が何らかの外部的事情によるのかどうか，外部的事情による場合にはその内容を明らかにするように求釈明をするとともに，それ以上の求釈明は必要がないとの判断を示すべきである。

---

[65] 被告人の公判供述が内容の不自然さや他の証拠との不整合等の点で明らかに不自然であれば，わざわざ，捜査段階の弁解との矛盾まで尋問せず，論告でも触れないであろう。

[66] 模擬事例Ⅰでは，検察官は，被告人のアリバイに関する供述が捜査段階で変遷した理由の合理性について執拗に求釈明をしているが，弁護人が明示しなければならないのは，公判においてすることを予定するアリバイの主張であって，その点は既に明示されている。それまでの間に供述が変遷したことやその理由については，公判における被告人供述の信用性の問題として，被告人質問において臨機応変に尋問の対象とすることで足りる。

(別添)

第3フェイズにおける模擬事例Ⅰ（本報告書43頁以下）の検討

1 求釈明の時期について

まず、求釈明の時期の問題として、第3フェイズになり、弁護人が最初に求釈明の申し出を予告してから、実際に求釈明申出書が提出されるまでに約1か月かかっている。そして、求釈明の申し出がされてから次の期日までには約1週間があったのに、検察官は、約3週間後までに対応する旨述べ、後日「釈明の要はない」と回答している。あまりにも遅い。

2 弁護人からの求釈明書（平成26年12月18日付）の内容について

内容をみても、弁護人の求釈明事項1（被告人には被害者からの借金が25万円あったこと）については、検察官の証明予定事実記載書1の第1の3項において既に明らかにされているように見える。検察官は、直ちにその旨の指摘をし、なぜそれ以上に求釈明を求めるのかを弁護人に問い、弁護人からその必要性について説得的な説明がなければ、裁判所は、求釈明をしないとの判断を示すべきである。

弁護人の求釈明事項2（犯行直前の被害者との待ち合わせ場所）や3（凶器の入手方法）については、仮に検察官が具体的に立証できると考えていたならば、その内容の重要性からして、証明予定事実として明らかにすると思われる。それを明示していないことからすると、おそらく、検察官としては、既に最初の証明予定事実記載書を提出する段階で、立証をするつもりはないという判断をしていたはずである。そうであるならば、その旨を直ちに明らかにすることは容易であり、そうすべきであった。

求釈明事項4（被告人の犯行後の帰宅経路）については、被告人の具体的な帰宅経路が判明する証拠があれば、被告人の犯人性を裏付けるものとなるから、証明予定事実として明示されていないのは、おそらくその証拠がなく、立証できないと判断していたと考えられる。そうであるとすると、主張立証する予定はない旨を明らかにすることは容易であって、そうすべきであった。他方で、そうではなく、帰宅経路をある程度うかがわせる証拠はあるものの、被告人の自宅に近い部分しか分かっていないため、被告人と犯人の同一性への推認力が弱く、また、重要な情状でもないとの判断の下で、証明予定事実記載書で明らかにしなかったという場合もあり得るが、その場合、検察官としては、弁護人が求釈明を求める趣旨について明らかにするように、求めることも考えられよう。

3 検察官からの求釈明書（平成27年1月16日付）の内容について

他方、検察官の求釈明事項1（被告人の借金状況）は、そもそも検察官の立証自体が過剰立証となっていて、必要性に疑問がある。裁判所としては、検察官から求釈明があったからといって、弁護人にその検討を丸投げすべきではない。まずは、被告人の借金をどの範囲で立証しようと考えているのか、なぜその必要があるのかにつき、検察官に対し、求釈明をすべきである。

また、検察官の求釈明事項2（指紋の付着状況の不自然さ）については、本来、求釈明すべきは、弁護人として、現場から見つかった封筒から被告人の指紋が検出されたことを争うのか、それ自体を争わないとすれば、指紋が付着した原因に関して具体的な事実の主張（間接反証型）をするのかどうかである。おそらく、弁護人としては、指紋が検出された事実は客観的事実で争う余地がなく、指紋が付着した原因についても具体的な主張ができず、単に抽象的なレベルで、何らかの事情で被告人の指紋が付いた封筒が現場に置かれていた可能性があるとしか主張できないと考えていたために、証拠それ自体の不自然さを主張したものと思われる。仮にそうであると、証拠の内容それ自体の不自然さについては、公判で

証拠を見た上で判断すれば足りるのであるから，弁護人としてその主張をする必要はない。裁判所としては，弁護人に対し，被告人の指紋が検出されたことを争うのかどうか，その原因について，何らかの積極的な事実の主張をするのかどうか，積極的な事実の主張をする場合にはその内容を明らかにするように求釈明をするのが相当である。

　検察官の求釈明事項3（供述の変遷の理由）は，裁判所が求釈明の必要性についての判断を示さないため，その後も，検察官及び弁護人の議論が延々と続いている。そのような裁判所の姿勢そのものが，公判前整理手続の長期化につながっている。

　検察官の求釈明事項4（不同意の理由）については，一般的に言えば，不同意の理由によって証拠調べの内容や範囲が変わる場合には，証拠の整理のため，不同意の理由を求釈明することが許される。被害者の死因に対する統合捜査報告書は，客観性が高いと思われる死因に関する専門家の判断を争うのか，死因が判明した経緯等を含む捜査官による証拠の統合の仕方を争うのかによって，証拠調べの内容が変わる。また，防犯カメラ統合捜査報告書についても，防犯カメラの映像部分以外の統合の仕方を争うのか，証拠自体の必要性，関連性を争うのかによって，証拠調べの内容，範囲が変わる。いずれも，検察官の求釈明の申し出どおり，弁護人に求釈明すべきである。他方，被告人に金銭を貸し付けた同僚の警察官調書については，証拠の性質が供述調書であり，一般論として言えば，供述調書を不同意にするのは反対尋問権を行使するためであって，それ以上に不同意の理由を述べる必要はない。もっとも本件の場合，被告人と犯人との同一性や2項強盗の目的の存否に関し，被害者からの金銭借入れのほかに，他の借入れもあったという事実まで主張立証する必要性があるのかについて，議論が全くされてこなかったので，証拠の採否をめぐって紛議が生じることになった。おそらく，検察官は，深く考えないまま，証明予定事実として明らかにしている以上，この点をも立証する予定で，おそらく弁護人も争わないだろうという見通しを立てていたのに対し，弁護人は，真の争点とは無関係で意味がないと思ったのではなかろうか。裁判所は，過剰立証ではないかという，充実した審理を目的とした争点及び証拠の整理（第3類型の争点及び証拠の整理）を試みることなく，不同意の理由という求釈明をそのまま弁護人に丸投げして検討を委ねたため，弁護人から「立証の必要性がないと考えるが，立証するというのであれば，全て争う」という釈明結果を招いている。借入れに関する供述調書は，多数あるように思われるのに，裁判所は，何が争われているために不同意となっているのかも分からない状態となっており，今後，更に争点が拡散していくことが予想されよう。このように弁護人が必要性，関連性がないという意見であることが推測される状況であれば，反対尋問権の行使の問題ではないので，弁護人がその証拠を不同意とした段階で，検察官がその不同意の理由を求釈明するのも不自然ではない。その場合，裁判所としては，第2類型の争点及び証拠の整理として証拠を却下するかどうかを考えることになる。

> コラム1　隠れた争点について

1　隠れた争点に関する問題状況

　検察官が，弁護人の問題意識等を踏まえて，争うことが見込まれる法律要件につき，証拠構造型の証明予定事実記載書を提出すると，弁護人は，そこで記載された間接事実に対応する形で，争うべきところを明らかにするとともに，積極的な事実の主張があるときにはその内容をも明らかにすることになる。しかし，そのような進行だけでは，弁護人が争点化していない法律要件については，証拠構造に基づく具体的事実や立証するための証拠が特定して明示されないことがある。

　その結果，いくつか問題が生じることがある。一つには，長期化事例の中には，検察官，弁護人はもちろん，裁判所も，弁護人が明示した法律要件上の争点についての具体的事実レベルの争点と証拠の整理に意識が集中するあまり，他の法律要件に関して争いがあるかどうかを十分に考えることなく，公判審理に突入し，証拠調べや評議をしてみて，弁護人が明示した法律要件上の争点以外にも争点があることに気付いたのではないかと思われるものがいくつか存在していた（いわゆる「隠れた争点問題」）。この場合，隠れた争点問題が公判前整理手続を長期化させたとはいえないが，充実した公判をするための準備がされなかったという評価にはなろう。

　また，公判前整理手続の長期化につながっているものもある。すなわち，公判前整理手続の終盤に至って隠れた争点が顕在化し，そこから当該争点についての主張と証拠の整理を行うこととなれば，公判前整理手続が長期化することは必至であり，特に複雑困難な事案では，隠れた争点問題が公判前整理手続の長期化原因となっていることがある。

2　あい路と対策

　このような隠れた争点問題が生じるのは，弁護人が法律要件として明示的に争う点を選択するからであろう。選択する際には，犯罪が成立するための複数の要件（構成要件要素）のうち，要件（犯罪構成要素）相互の論理上もしくは実際の弁護活動上の階層構造を考えて，事実上の影響としても，被告人に不利にならないことを考慮していると思われる[67]。

67　模擬事例Ⅰでは，弁護人が被告人と犯人との同一性を争う見込みであると述べたため，裁判所は，その点について，証拠構造型の証明予定事実の記載を求め，主張整理が進行している。しかし，仮に被告人と犯人との同一性が肯定されたとしても，強盗殺人罪が成立するためには，①強盗目的（1項強盗と2項強盗），②殺意，③強盗と殺人との関連性（強盗犯人が殺人に及んだといえるか）等が必要となる。しかし，弁護人が犯人性を争う場合，それ以外の犯罪成立要件を争点とすることはほとんどない。それは，例えば，強盗目的がない，殺意がないといった主張は，理屈上は，被害者を死に至らしめたのが誰であっても，その人には強盗目的がないとか，殺意がないといった形で，構成し得るものの，被告人のための弁護人の主張として見た場合，被告人が犯人であることを仮定的に前提とした主張のように見えるため，弁護方針として，通常，そのような主張をしないものと思われる。

もっとも，弁護人が争点化しないからといって，そのまま放置すると，前記のとおり，隠れた争点について充実した公判ができなかったり，公判前整理手続が長期化したりするから，検察官としては，隠れた争点についても，具体的な間接事実を明らかにする証拠構造を明示すべきである。

　しかし，実際の長期化事例の中で，隠れた争点について，検察官が自らその証拠構造を明示している例はほとんど見当たらなかった。検察官の基本的姿勢は，裁判所から求められれば，隠れた争点に関する証拠構造を明らかにするものの，裁判所からの指摘がない限り，証拠構造を明らかにする必要がないというスタンスのように思われるが，検察官の立証責任や公判前整理手続における義務（刑訴規則217条の20第1項等）の観点から見て，正しい姿勢とは思われない[68]。

　検察官としては，隠れた争点について，各証拠の立証趣旨や弁護人の認否の状況等から見て，わざわざ証拠構造を明示しなくても，隠れた争点に関する証拠の存在やその必要性が明らかであるという場合にまで，証拠構造型の主張書面を提出する必要はないが，明らかでない場合には，争点及び証拠の整理に必要な事項を具体的かつ簡潔に記載すべき義務（刑訴規則217条の20第1項）の一環として，証拠構造を明示すべきであると考えられる[69]。

---

[68] 模擬事例Ⅰでは，弁護人が明示的に争っているのは，被告人と犯人の同一性だけであるため，検察官は，証明予定事実記載書2において，その争点だけの証拠構造を明示している。①強盗目的（1項強盗と2項強盗），②殺意，③強盗と殺人との関連性（強盗犯が殺人に及んだといえるか）等については，主張整理がされていない。そのうち，殺意については，創傷の部位・程度，用いられた凶器の性状等から，行為の態様を推認した上，更に殺意を推認するという証拠構造であることが容易に推測されるため，わざわざ証拠構造を明示させるまでのことはないと思われる。また，検察官は，被告人と犯人の同一性に関する間接事実の一つとして，被害者殺害の動機に関する事情（その推認力の強さについては，問題となり得る。）を主張し，その中で，経済的ひっ迫状態や犯行当日に被害者に借金の返済を約束していたことなどが指摘されているから，2項強盗目的があったことの間接事実もそこから読み取ることが可能である。しかし，被告人と犯人との同一性という争点にとって動機の存在という間接事実の推認力が弱いと考えた場合には，その点に関する主張がもっと抽象的になり，2項強盗目的の間接事実としては不十分となっていた可能性もある。さらに，模擬事例Ⅰで特に問題となり得るのは，なぜ1項強盗が成立するのか（2項強盗目的で被害者を殺害した後に窃盗の犯意が発生した可能性の有無）については，検察官の立証構造が判然としていないという点である。

[69] 検察官が隠れた争点を意識せず必要な主張等をしない場合に，裁判所がどのような対応をすべきかは難しい問題である。当事者追行主義等の観点から消極的な見解もあり得るが，当該争点が深刻な問題になると見込まれる場合には，審理予定の策定（刑訴規則217条の2）という観点からも，裁判所から当事者に対し隠れた争点が問題となり得ることを指摘し，主張立証の予定を確認するという考え方もあろう。

模擬事例Ⅰ－間接証拠型

注）長期化事例のうち，間接証拠型の否認事件において法曹三者それぞれに見られる不適切な対応を参考に架空の事例を作成している。したがって，本模擬事例は意図的に問題の多い設定となっており，これが現在の実務のスタンダードではないことに注意されたい。

【起訴状・平成25年11月25日付け（強盗殺人）】

被告人：甲山一郎（昭和45年6月●日生）

公訴事実の要旨：

　被告人は，勤務先の同僚である乙川次郎（当時35歳）から25万円を借り入れていたが，同人を殺害してその返済を免れるとともに金品を強取しようと企て，平成25年10月10日午後9時前後頃，A市a町●●番地所在のドライブイン「フォレスト」の駐車場において，普通乗用自動車に乗車していた同人に対し，殺意を持って，刺身包丁（刃体の長さ約21センチメートル）でその頸部，胸部等を数回刺すなどし，よって，その頃，同所において，同人を頸部刺創等により失血死させた上，同人所有の現金20万円を強取するとともに，前記の借入金の返済を免れた。

【第1フェイズ】

平成25年11月25日：起訴

　12月13日：**証明予定事実記載書１提出**（別紙１。いわゆる物語式）

　12月20日：第1回打合せ（類型証拠開示関係）→開示等へ

平成26年1月7日：第2回打合せ（類型証拠開示関係）→開示等へ

　1月29日：第3回打合せ（類型証拠開示関係）→開示等へ

　2月14日：第4回打合せ（類型証拠開示関係）→開示等へ

　　裁「類型証拠の開示もかなり進んでいることから，そろそろ，何が争点としてなりうるかを明らかにされたい」

　　弁「被告人と犯人との同一性を争う予定である」

　　裁「それでは，検察官は，被告人と犯人との同一性について，証拠構造型の証明予定事実記載書を提出されたい」

　　検「了解した」

　3月3日：第5回打合せ

　　弁「開示を受けた証拠を検討中であるが，裁定請求を予定している」

　　検「証拠構造型の証明予定事実記載書は3月11日までに提出する」

　3月11日：**証明予定事実記載書２提出**（別紙２。いわゆる証拠構造型）

【第2フェイズ】
平成26年3月14日：第6回打合せ（類型証拠開示関係）
　　弁「新たに開示された証拠を検討しており，裁定請求も検討中である」
3月31日：第7回打合せ（類型証拠開示関係）→開示等へ
　　弁「裁定請求をするかどうかは，なお，検討中である」
　　裁「弁護人は，主張及び証拠意見について，適宜可能な部分から明らかにされたい」
5月2日：第8回打合せ（類型証拠開示関係）→開示等へ
　　裁「主張及び証拠意見について，準備ができたものから順次明らかにしていただくとともに，開示請求に応じてもらえない証拠については裁定請求をしていただきたい旨再三伝えているが，準備状況はどうなっているのか」
　　弁「検討中である」
　　裁「弁護人の準備に時間を要するようなので，次回は2か月後とする」
7月2日：第9回打合せ（類型証拠開示関係）
　　検「検察官としては，類型証拠は出そろったと考えている。そろそろ弁護側の主張を出していただきたい」
　　弁「今後も主張の準備と並行して類型証拠開示請求を行っていく。主張については，その開示が全て終わってから明らかにする」
　　裁「弁護人の準備に時間を要するようなので，次回は2か月後とする」
7月24日：弁・証拠開示命令請求書提出
　　対象：パチスロ店「モンスター」から押収又は提供された防犯カメラの映像一切（既に開示されたものを除く）
　　理由：刑訴法316条の15第1項第1号
　　重要性：検察官は，被告人が当日にパチスロ店「モンスター」に行っていた旨のアリバイが虚偽であると主張しているが，その主張事実の有無を検討するためには，全ての防犯カメラ映像を分析することが必要である。
　　不開示理由の不当性：検察官は，防犯カメラ映像は全て開示し，開示した物以外は不存在としているが，南側入り口付近を撮影すべきものは当日録画されておらず，また，西側入り口についてはその2つの扉のうちの一つしか確認できない位置から撮影されたカメラによるものでしかなく，これではアリバイがなかったことは検討不可能である。
7月31日：検「不相当であり，却下すべき」との意見書提出
　　理由：不存在。南側入り口付近を写した防犯ビデオについては，パチスロ店で録画していなかった。北側入り口及び西口入り口を写した防犯ビデオは既に開示済みである。これらの防犯ビデオは，平成25年10

月11日に不審人物や被害者の出入りを確認するために警察において提供を受けたものであるが，上記の目的で提供を受けたものであり，被告人のアリバイは何ら意識していなかったことから，店内の防犯カメラの映像の提供は受けなかった。その後，被告人のアリバイ主張を受けて，店に確認したところ，防犯カメラ画像の保存期間が1週間であり，当日の画像は既に消去されていたため，領置できなかった。

9月19日：第10回打合せ（証拠開示請求について）

10月2日：第1回公判前整理手続

　裁定請求に対する決定「請求棄却。理由：任意開示された物以外は不存在」

10月6日：証拠開示命令請求棄却決定に対する即時抗告

10月14日：即時抗告棄却決定

11月10日：**予定主張記載書面**（別紙3）

11月12日：第2回公判前整理手続

　弁「証拠意見は次回期日までに明らかにする。より詳細な主張をする場合には，できる限り早急に行う」

11月14日：弁・検察官請求証拠に対する意見提出

【第3フェイズ】

平成26年11月19日：第3回公判前整理手続

　弁「次回期日までに，検察官の主張に対して求釈明を行う」

12月18日：弁・求釈明書提出

1. 被告人には被害者からの借金が25万円あったとの点について，その根拠（証拠）を明らかにされたい。
2. 被告人が犯行当日に被害者と待ち合わせをしたという場所を明らかにされたい。
3. 被告人が犯行のために準備したという刺身包丁について，どのように入手したのかを明らかにされたい。
4. 被告人が犯行後に犯行場所から自宅に戻った経路を明らかにされたい。

12月26日：第4回公判前整理手続

　検「弁の12月18日付けの求釈明に対しては，平成27年1月9日までに対応する。」

　「弁護人に釈明を求めたい事項があるので，次回期日までに求釈明をする。」

　裁「弁護人は，被告人の捜査段階の供述の任意性を争うのであれば，次回期日までに任意性を争う事情を具体的に明らかにされたい」

　弁「了解した」

平成27年1月9日：検：意見書提出（弁の求釈明に対し）

「弁の12月18日付けの求釈明事項については，いずれも証明予定事実記載書のとおりであり，更なる釈明の要はない」

1月16日：検・求釈明書提出

1 検察官の主張する被告人の借金状況について，サラ金からの借入れや同僚からの借入れの事実については，金額も含めて争いがないという趣旨でよいか。

2 弁護人は，「封筒から被告人の右手中指の指紋1個だけが検出されるのは，明らかに不自然である」と主張するが，その趣旨は，指紋が1個だけしか付いていないのが不自然であるという趣旨か。それとも，包丁に指紋が付いていないのに，封筒に指紋が付いているのが不自然だという趣旨か。

3 弁護人は，「被告人がアリバイに関する供述を変遷させたことには合理的な理由がある」と主張するが，「合理的な理由」とは何か。具体的に明らかにされたい。

4 以下の証拠は客観的証拠だと思われるのに，不同意とする趣旨を明らかにされたい。
・被害者の死因に関する統合捜査報告書（甲●号証）
・パチスロ店「モンスター」の防犯カメラ統合捜査報告書（甲●号証）
・被告人に金銭を貸し付けた同僚の警察官調書

1月19日：第5回公判前整理手続

弁「検の1月16日付け求釈明については，次回までに対応する」「1月9日付け意見書で，更なる釈明の要がないとした理由を明らかにされたい」

検「証明予定事実記載書で必要な事項は明らかにしており，弁の求釈明事項に関しても，広範に証拠開示をしているので，必要がない」

2月12日：弁：釈明書提出（1月16日付けの求釈明に対し）

1 被告人の被害者からの借金関係以外については，立証の必要性がないと考えるが，仮に検察官が立証するというのであれば，妹からの借入れ以外は，すべて争う。

2 被告人の指紋が封筒に付着しているのは，あらゆる観点から不自然であるという趣旨である。

3 被告人の供述の変遷理由を明らかにするためには，被告人の公判での供述内容を事前に明らかにしなければならないが，そのようなことに踏み込むのは相当でないので，釈明しない。

4 死因に関する統合捜査報告書のうちの遺体写真については，裁判員に不当な影響を与えるから，不相当であるという趣旨である。また，パチ

スロ店「モンスター」の防犯カメラは，証拠開示の手続を経て，全体を写していないことが明らかとなっている以上，不相当であるという趣旨である。同僚の警察官調書については，貸付時の状況や返済の有無について反対尋問をする必要がある。

2月19日：検・求釈明書提出
1 被告人の供述の任意性に疑いを生じさせる具体的事情を早急に明らかにされたい。特に，被告人の犯行当日の服装に関し，捜査官によって誘導されたことを主張するとのことであるが，いつの取調べでどのような誘導を受けたのかを明らかにされたい。
2 アリバイに関する供述を変遷させた理由は，公判廷で明らかにするとのことであるが，その変遷理由は，被告人質問を待たずとも明らかにすることが可能である。また，供述内容が合理的かどうかは，本件における重要な間接事実であり，立証計画を立てる上で必要不可欠であるから，アリバイの変遷理由を明らかにされたい。

2月20日：第6回公判前整理手続
弁「求釈明に応じるかどうかも含めて検討する。その検討に1か月程度の時間をいただきたい」

3月23日：弁・釈明書提出
1 当日の服装に関する被告人の供述の任意性に疑いを生じさせる具体的事情は，以下のとおりである。司法警察員●●は，平成25年11月7日，被告人の取調べをした際，被告人に対し，〜と働きかけた。その際の被告人の心理状態は，〜であったため，〜となり，また，〜といった事情も重なり，その供述調書に署名指印をした。しかし，その後の11月9日の取調べでは，〜と訂正を申し入れている。（具体的内容は省略）
2 アリバイに関する被告人の供述の変遷理由が不自然なのか合理的なのかについて，公判前整理手続で検察官と議論をする必要を認めないため，釈明しない。

4月6日：第7回公判前整理手続（今後の進行について）

（以下の手続は省略）

（別紙1）

証明予定事実記載書1

第1　犯行に至る経緯等
　1　被告人と被害者との関係
　　被告人は平成20年8月に，被害者は同年9月にそれぞれ派遣会社である甲乙丙株式会社（派遣社員数約40人）に入社し，ホテル，スーパーマーケット等で勤務していたが，犯行までの間のうち，約4年間は派遣先が同一であった【同僚の警察官調書，上司の検察官調書等】。
　2　被告人の負債状況
　　被告人は，30歳を過ぎた頃から競馬，競輪，パチスロ等のギャンブルにのめり込み，妻花子に内緒で会社から給与の前借りをしたり，サラ金業者から借入れをしたりしていたが，平成23年頃，サラ金からの約130万円の借金が発覚し，妻花子から強く叱責されたことから，実家の両親に対し，事情を打ち明け，その借金を完済してもらった。
　　被告人は，その後，しばらくパチスロを控えるようにしたものの，競馬，競輪はやめられず，複数のサラ金業者から借金をするようになり，やがてパチスロにも再び熱中するようになった。
　　被告人は，平成24年10月頃から自己名義でサラ金業者から新たな借入れをすることができなくなり，ギャンブル代やサラ金からの借金の元利金の返済に充てるため，同年11月頃，他家へ嫁いでいた妹に対し，「妻の母が重病になり，高額の手術費や入院費が必要になった」などとうそを言って，100万円を借りた。
　　また，被告人は，同年12月頃，気の弱い被害者に対し，借金を申し込んだところ，被害者は断り切れず，サラ金業者から5万円を借りて，これを被告人に貸した。被害者は，さらに平成25年1月19日から同月23日までの間，サラ金業者から合計35万円を借り入れたが，当時，多額の金銭を費消した形跡がなく，そのうち少なくとも25万円を被告人に貸し付けたと認められる。
　　被告人は，同年2月から4月頃までの間，他の同僚らからも翌月には返済するとの約束で数万円単位の金を借りたが，いずれの返済もできなかった。さらに，同年7月頃には，妹からの電話に妻花子が出たことをきっかけに，妻の母が重病になったというのがうそであることが判明し，結局，被告人は，妻花子に対し，妹から100万円を借りたことやサラ金業者4社から合計約160万円を借りていることなどを打ち明けるとともに，甲乙丙株式会社からの振込口座の預金通帳やキャッシュカードを手渡し，以後，小遣いも止められて，弁当を持参するようになった。
　　【以上につき，妻花子の検察官調書，父親の警察官調書，妹の警察官調書，上司の警察官調書，同僚1の警察官調書，同僚2の警察官調書，同僚3の警察官調書，サラ金からの負債状況に関する捜査報告書，被告人の警察官調書等】

3 犯行に至る経緯

　被告人は，平成25年3月以降，被害者から何度か25万円の返済の催促を受けたが，その返済をしなかった。被害者は，平成25年3月頃から9月頃の間，数回にわたり，交際相手の女性に対し，「職場の先輩にお金を貸してあげたけど，なかなか返済してもらえない」などと愚痴を述べていたが，同年10月7日頃，「例のお金，3日後に返してもらえることになった」と述べた。被害者は，その頃，自宅の卓上カレンダーの10月10日欄に「イチローさん」「25万返済見込み」と記載した。

　被告人は，被害者との間で，25万円を返済するかのように装って会う約束をし，同月10日午後7時過ぎ頃，妻花子に対し，「昔の友人が近くまで来たというので，ちょっと会ってくる」と述べた上，青色の上着と黒いジーンズを着用し，刺身包丁を準備した上，自己の使用車両（以下「ミニX」という。）に乗って，自宅を出発した。

　他方，被害者は，仕事途中の同日午後2時30分頃，M銀行A駅前支店のATMで20万円を引き出すなどし，午後7時半頃まで仕事をした後，自己の使用車両（以下「Yスター」という。）に乗って，被告人との待ち合わせ場所に向かった。

　被害者は，被告人と合流した後，Yスターの助手席に被告人を乗せ，同日午後8時42分頃，A市b町のパチスロ店「デルパチセブン」の駐車場を出発し，同駐車場から約1キロメートル離れたA市a町●●番地所在の駐車場（以下「犯行現場」という。）に到着した。

【以上につき，被害者の交際相手の検察官調書，妻花子の検察官調書，卓上カレンダーに関する捜査報告書，M銀行A駅前支店ATMからの引出状況に関する捜査報告書，パチスロ店の防犯カメラに関する捜査報告書等】

第2　犯行状況

　被告人は，同日午後9時前後頃，前記の駐車場において，被害者を殺害して前記の借入金の返済を免れるとともに，被害者の所持金品を強取しようと考え，運転席に座っていた被害者に対し，所持していた刺身包丁を数回突き刺し，左上腕部に長さ約3センチメートルの，頸部に長さ10センチメートルから12センチメートルの，胸部に長さ19センチメートルの各刺創等を負わせ，まもなくその場で失血死させるに至った。

　被告人は，その際，被害者の所持していたM銀行の封筒から20万円を抜き出してこれを強取した。

【以上につき，現場の状況に関する捜査報告書，被害者の司法解剖結果，死因に関する捜査報告書，関係証拠発見報告書，刺身包丁，M銀行の封筒と取引明細書，被害者の財布（被害者名義のキャッシュカード等の入ったもの），指紋採取報告書，指紋照会結果報告書等】

第3　犯行後の状況

　被告人は，その後，前記の駐車場の奥にある草むらの中に，犯行に用いた刺身包丁，M銀行の封筒と30万円を引き出した際の取引明細書，被害者名義のキャッシュカード，ポイントカード等の入った財布等を投棄し，同日午後9時30分頃，自宅に戻ったが，

その際，上着を着ておらず，ランニング姿であった。

被害者の遺体は，翌11日午前7時30分頃，散歩にきた近所の女性によって発見され，110番通報がされて捜査が開始するに至った。

【以上につき，妻花子の検察官調書，現場の状況に関する捜査報告書，関係証拠発見報告書，刺身包丁，M銀行の封筒と取引明細書，被害者の財布（被害者名義のキャッシュカード等の入ったもの），指紋採取報告書，指紋照会結果回答書，捜査の端緒についての捜査報告書等】

第4　その他情状

(別紙2)

証明予定事実記載書2

被告人と犯人との同一性に関する間接事実は以下のとおりである。
1 被告人には被害者殺害の動機（強盗目的）があること
　証明予定事実記載書1第1の2「被告人の負債状況」及び3「犯行に至る経緯」記載のとおり。要するに，①被告人はギャンブルにのめり込み，サラ金業者等から借金を重ね，②その一環として，被害者は被告人から金を貸すように要求されたため，平成25年1月頃，サラ金業者から金を借り入れ，少なくとも25万円を被告人に貸し付けたものの，③被告人は，その後も，借金を重ね，被害者からの借金も返すことができず，小遣いもなくなり，④結局，被害者に対し，同年10月10日に25万円を返済するとうそを述べるに至っている【以上につき，妻花子の検察官調書，父親の警察官調書，妹の警察官調書，被害者の交際相手の検察官調書，上司の検察官調書，同僚1の警察官調書，同僚2の警察官調書，同僚3の警察官調書，サラ金からの負債状況に関する捜査報告書，被告人の警察官調書等】。
　また，被告人方から押収されたパソコンの解析結果によれば，被告人は，同年9月30日，インターネットで「借金　時効」「強盗」「完全犯罪」「闇サイト殺人」という用語で検索をしていた【捜索差押調書，パソコン解析結果報告書】。
2 犯行現場付近で発見されたM銀行の封筒から被告人の指紋が検出されたこと
(1) 犯行の翌日である平成25年10月11日にA市a町●●番地所在の駐車場（以下「犯行現場」という。）付近を実況見分したところ，犯行現場の奥の草むらから，被害者が犯行当日午後2時30分頃にM銀行A駅前支店のATMから20万円を引き出した際の取引明細書とともに，M銀行の封筒が発見された【現場の状況に関する捜査報告書，関係証拠発見報告書等】。
(2) 発見されたM銀行の封筒には血痕が数個付着しており，そこから採取した血液のDNA型を調べたところ，いずれも被害者のDNA型と一致した【DNA型鑑定書等】。
(3) また，その封筒表面の指紋付着状況を調べたところ，被害者の左親指，中指の各指紋のほか，被告人の右手中指の指紋1個が付着していた【指紋採取報告書，指紋照会結果報告書等】。
3 被告人に犯行現場付近の土地鑑があること
(1) 犯行現場は，a町バイパスの開通に伴って平成24年12月頃に廃業したドライブイン「フォレスト」の駐車場であり，被告人は，平成23年頃，a町のホテルに派遣されていた間，数回，この「フォレスト」で夕食を食べたことがあった【会社の同僚の警察官調書，被告人の警察官調書等】。
(2) 被告人は，平成25年4月頃，妻と「ミニX」に乗って「フォレスト」前道路を通っ

た際，妻に対し，「このドライブイン，とうとう廃業して，さびれたね」と述べた【妻の検察官調書等】。

4　被告人には犯行の機会があり，アリバイがないこと
(1)　被害者は，前記のとおり，被告人に25万円を貸していたところ，平成25年10月7日，交際相手に対し，3日後（10日）に貸していた金の返済を受けられると述べたほか，自宅の卓上カレンダーの10月10日欄に「イチローさん」「25万返済見込み」と記載した【被害者の交際相手の検察官調書，卓上カレンダーに関する捜査報告書等】。

被害者の職場関係者，交友関係には，「イチロー」という名を持つ人物は，被告人以外にいなかった【被害者の交友関係に関する捜査報告書，職場の上司の警察官調書，被害者の交際相手の検察官調書】。

(2)　被告人は，同年10月10日午後7時過ぎ頃，妻花子に対し，「昔の友人が近くまで来たというので，ちょっと会ってくる」と述べた上，「ミニX」に乗って，自宅を出発した【妻花子の検察官調書】。

(3)　同日午後7時22分頃から7時25分頃にかけて，青色の上着を着た人物が被告人の使用車両と同種の「ミニX」を運転して，A市c町所在のコンビニエンスストア前を通過し，犯行現場方面に向かった【コンビニエンスストアの防犯カメラに関する捜査報告書】。

(4)　被害者は，同日午後8時42分頃，「Yスター」の助手席に青色の上着を着た人物を乗せ，A市b町のパチスロ店「デルパチセブン」の駐車場を出ていき，犯行現場方面に向かった【パチスロ店「デルパチセブン」の防犯カメラに関する捜査報告書等】。

(5)　被告人は，当時，青色の上着を所有していた【被告人の警察官調書】。

(6)　被告人は，同日午後9時30分頃帰宅したが，上着を着ておらず，ランニングと黒色ジーンズ姿であった【妻花子の検察官調書】。

5　犯行後の被告人の不審な言動
(1)　被告人は逮捕前，虚偽のアリバイを申し立てていたこと
被告人は，被害者の死体が発見された平成25年10月11日，警察官から参考人として10日夜の行動を訪ねられた際，「午後6時頃に帰宅した後は，外出せず，テレビを見るなどして過ごしていた」と虚偽の供述をした【被告人の検察官調書】。

(2)　被告人のアリバイに関する供述が合理的な理由なく変遷していること
被告人は，逮捕後まもなく，以前に「家にいた」と述べていたことは誤りであり，「平成25年10月10日午後7時頃，「ミニX」に乗って，A市d町のパチスロ店「モンスター」に行き，車内に隠しておいた2000円を使ってパチスロをしたら大当たりとなったため，しばらく遊び，午後9時過ぎに自宅に戻った旨，新たなアリバイを主張するに至った【被告人の検察官調書】。

(3)　変更後のアリバイも虚偽であったこと

被告人が(2)で供述していることの裏付け捜査をしたところ，パチスロ店「モンスター」の防犯カメラには被告人は写っておらず，そのパチスロ店には行っていないことが判明した【統合捜査報告書】。

(4) 外出時の着衣に関する供述が合理的な理由なく変遷したこと

被告人は，逮捕された当初，警察官に対し，平成25年10月10日夜の外出時の服装につき，「青色か白色の長袖シャツと黒のジーンズ」と述べていたのに，その後，「外出時に青色の長袖シャツを着用してはおらず，警察官に青色の長袖シャツを着用していたと述べたこともない」と供述を変遷させた。

（別紙３）

予定主張記載書面

第１　訴因について

　　被告人は，公訴事実記載の行為を一切しておらず，無罪である。

第２　事実に関する主張

１　強盗目的の不存在について（花子の証人尋問，被告人質問で立証）

　　被告人は，被害者とは比較的仲が良く，気が合う者同士として，お互いに協力して仕事を行っていた。被告人は，他の同僚からの借金と同様に，数万円程度の金を借りたことはあったものの，平成25年１月頃，被害者にサラ金業者から35万円を借りてもらい，そのうちの25万円を借りたというようなことはない。

　　なお，被告人は，形式的にはサラ金業者からの借金が存在していたものの，いわゆる過払いの状態であり，被告人もテレビ報道等で過払いに関する認識を有していたため，実際には借金がない状態であり，被告人もそのことを知っていた。妹からの借入れについては，余裕があるときに返済すればいいという約束であるから，急いで返済しなければならないものではなかった。

　　自宅のパソコンは，妻の花子も共用で使用しており，検察官の主張する検索内容は，花子がテレビでサスペンスドラマを見た際，興味本意で調べたにすぎない。

２　Ｍ銀行の封筒から被告人の指紋が検出されたことについて（被告人質問で立証）

　　封筒から被告人の右手中指の指紋１個だけが検出されるのは，明らかに不自然である。凶器である刺身包丁からは指紋が全く検出されていないのであるから，真犯人は手袋を付けていたと推測され，指紋が付いていたからといって，被告人が犯人ということにはならない。

３　被告人の土地鑑について

　　犯行現場に土地鑑があることは，地元民であれば有しているものであり，被告人が犯人であることを何ら推認させない。

４　アリバイについて（花子の証人尋問，被告人質問で立証）

　　被告人は，被害者の死亡推定時刻頃，犯行現場から離れたパチスロ店「モンスター」で遊んでおり，アリバイがある。

　　検察官がアリバイ不成立の理由とする防犯カメラの映像は，全体を網羅しておらず，アリバイ不成立の理由にはならない。むしろ，捜査官が全てのカメラ画像の提供を受けていれば，被告人のアリバイが成立していたのであるから，真偽不明の不利益は，立証責任を負っている検察官が受けるべきである。

　　被告人がアリバイに関する供述を変遷させたことには合理的な理由がある。

５　凶器の包丁について（花子の証人尋問，被告人質問で立証）

　　被告人も花子も，本格的な料理をすることがなく，被告人方には刺身包丁が存在していなかった。被告人は，その頃，刺身包丁を買ったこともなかった。

6　服装について（花子の証人尋問，被告人質問で立証）

　被告人は，当日，青い上着を着ていない。被告人は，当時，5枚の秋用の上着を持っていたが，その中には青い服はない。犯行現場，犯行現場から被告人方への経路，被告人方のいずれからも青い服は発見されていない。

　被告人が逮捕直後に「当日は青色か白色の長袖シャツを着ていた」と述べたのは，捜査官によって誘導されたものであり，任意性を争う。

　また，被告人は，当日に着ていた黒のジーンズを警察に任意提出し，警察においてルミノール検査等が実施されたが，血液反応は出なかった。

　被害者は複数回にわたって包丁で刺されていることから，犯人はかなりの返り血を浴びたと考えられるが，被告人の周囲からは，全くそのような服が発見されていない。

第3　直接証拠（共犯者供述）型における争点及び証拠の整理

1　全体的な問題状況

(1)ア　この章では，法律上の争点に対する証拠構造が直接証拠型の事件，とりわけ直接証拠が共犯者の供述である事件における公判前整理手続の在り方を取り上げることとする。直接証拠とは，その内容が信用できれば，それだけで要証事実が証明できるという関係にある証拠をいう。一般的には，被害者の供述，目撃者の供述，共犯者の供述等が直接証拠となることが多い。

共犯者の供述が「被告人と共犯者との共謀の成立」という要証事実の直接証拠といえるかどうかについては，議論の余地がある。それは，「共謀」とは，犯罪の共同遂行の合意，すなわち，二人以上の者の間で，特定の犯罪を自分たちの犯罪として一緒に行おうという内心の意思が合致していることをいう（いわゆる内心説）とされており，そのような共謀が成立していたといえるかどうかは，「被告人と共犯者との意思連絡状況」，「被告人と共犯者との役割分担状況」，「犯行の目的・利益と各自への利益帰属状況」等に関する具体的事実を総合的に考慮して判断することとなるため[70]，立証構造としては，実質的に見れば，間接証拠型であることが多いといえるからである。しかし，他方で，これらの事実の認定根拠となる証拠は，いずれも，同一の共犯者の供述であり，その供述が信用できれば要証事実が認定できるという関係にある。加えて，こうした事案においては，公判前整理手続の段階で，供述の信用性を左右する補助事実について，整理すべき補助事実が整理されず，逆に整理すべきでない補助事実まで整理の対象とされてしまうことによって公判準備に困難を来す，という間接証拠型とは異なる直接証拠型に特有の問題がしばしば生じているので，本研究では，共犯者の供述についても直接証拠として整理することとした[71]。

---

[70] 「共謀」が争われる事案は，その実質を見ると，意思連絡自体（あるいはその時期）が争われる場合や，正犯性が争われる場合等様々な争われ方があり，その争われ方によって，争点に対して重要な意味を持つ間接事実は異なってくるものの，「被告人と共犯者との意思連絡状況」，「被告人と共犯者との役割分担状況」，「犯行の目的・利益と各自への利益帰属状況」といった視点で具体的な事実を取り上げていけば，多くの事案においては，重要な事実をとらえることができると考えられる。事案によって，「被告人と共犯者，被害者との関係」，「犯行に至る経緯」，「犯行後の状況」等が重要な視点となることもある。

[71] 被告人の自白も，定義の分類上は，直接証拠に当たる。しかし，自白については，虚偽供述を強いられる危険性等を考慮し，証拠能力や証明力に他の証拠とは異なるルールが定められ，事実認定の手法としても，まずは自白を除いた証拠によってどのような事実が認定されるかを判断した上で，その後に，それを前提としながら，自白の信用性等を検討するという方法が確立している。そのため，自白以外に直接証拠がない事案については，間接証拠型の証拠構造と分類するのが一般的であり，公判前整理手続においては，まずは，その間接事実に注目して，争点及び証拠を整理するという方法が一般的に行われている。このことは，共犯者の供述が直接証拠である場合の争点及び証拠の整理の在り方についても，示唆に富む。

イ　また，本研究では，補助事実のうち，「直接証拠とは別の証拠に由来する事実で，直接証拠の信用性を左右するという意味では補助事実といえるが，それ自体，要証事実を推認する力を併有しているもの[72]」を「間接事実的補助事実」，「その事実の存否が直接証拠の信用性を左右するが，それ自体は，要証事実の存否に関しては中立的な事実」（例えば，供述者の利害関係に関する事実，視認条件に関する事実がそれに当たる。）を「純粋補助事実」と，それぞれ呼称する。

　　直接証拠があっても，その直接証拠について虚偽供述のおそれが類型的に高いような場合には，事実認定の手法として，裁判所は，まずはその直接証拠以外の客観的証拠によってどのような事実が認定されるかを判断し，その後に，それとの整合性を踏まえつつ，直接証拠の信用性等を検討するということになるし，また，公判審理の結果，直接証拠の信用性が否定されたような場合には間接証拠型として検討する必要があることからしても，間接事実的補助事実は争点及び証拠の整理の対象とすべきである。他方で，純粋補助事実の大半は，請求証拠あるいは開示証拠等に基づき，検察官及び弁護人双方が共通認識を有しているのが一般的であり，相手方に対し，それをわざわざ取り上げて反証の検討の機会を与える必要がないため，原則として争点及び証拠の整理の対象とする必要がなく，それをしようとすると，かえって公判前整理手続が長期化することになる。

　　共犯者の供述は，虚偽供述のおそれが類型的に高い証拠といえるから，間接事実的補助事実について争点及び証拠の整理を行うことが必要であるが，実際の事例では，間接事実的補助事実の整理を開始するのが遅れ，間接事実的補助事実の範囲を越えて，整理すべきでない純粋補助事実あるいは供述の信用性そのものを議論したりしているものが目立った。

ウ　そこで，以下，争点が共謀の成否（被告人に共同正犯が成立するか否かという問題であって，被告人が実行行為を担当したか否かに関わらない。）で，その争点に関する直接証拠が共犯者の供述である場合の争点及び証拠の整理について検討することとする。

(2)　直接証拠（共犯者供述）型の長期化事例を見ると，検察官又は弁護人が，争点及び証拠を整理する上で必要な主張をしなかったり，逆に，争点及び証拠を整理する上では，必要性がなく，かえって弊害となるような主張をしたりし，裁判所も，それを放置して，第1類型の争点及び証拠の整理をしていないというものが大半であった。

　　多くの事案において，検察官が共犯者の供述に基づいた長文の物語式の証明予定事実記載書を提出し，裁判所及び弁護人も，これをそのまま受け入れて次の手続に進み，弁護人は，検察官の証明予定事実に対する反論として，同様に被告人の供述

---

[72]　その意味で，これらの事実は，公判審理の結果，直接証拠の信用性が否定された場合には，間接事実として更に検討しなければならなくなることが多いと思われる。

等に基づいた長文の物語式の予定主張記載書面を提出している。

　その後の進行としては，そのまま，長文の物語式の証明予定事実記載書と長文の物語式の予定主張記載書面とを対比して，検察官の主張と弁護人の主張が異なっているということを確認するだけで，共謀の成否を判断する上での実質的争点が何かということを明確にしないまま，証拠の採否を判断し，公判前整理手続を終結してしまうパターンもあれば，改めて，検察官が，判断のポイントとなる実質的争点が浮き彫りになるように，共謀の成立を推認させる具体的事実や，共犯者の供述の信用性を裏付ける補助事実の観点から，証明予定事実を構成し直した書面を提出し，弁護人が，それに対する争い方を明示するなどして，争点及び証拠の整理をやり直すパターンもあった[73]。重要性の乏しい内容をも含む長文のストーリーを主張し合うのは，「十分な準備」とともに「できる限り早期に」終結させることが求められる公判前整理手続（刑訴法316条の3第1項）においてかなり迂遠で不合理な方法であるから，当初から，証拠構造型の証明予定事実記載書を提出することが望ましい。

　また，長文のストーリーを離れて，証拠構造型の証明予定事実を前提とした争点及び証拠の整理を行おうとしている事案の中には，判断のポイントとなる実質的争点を確定したいという目的・意図はうかがわれるものの，結局，論告・弁論において主張されるべき直接証拠の信用性の判断のメルクマール（利害関係，知覚・記憶の条件等，他の証拠との整合性，供述内容，供述経過，供述態度）に沿った主張が記載された証明予定事実記載書や予定主張記載書面[74]が提出されるに至っている事案もあった。

　以下では，上記の問題状況の根本的な原因を探り，争点及び証拠の整理を適切かつ迅速に行うための対策を検討することとする。第2の「間接証拠型における争点及び証拠の整理」と同様，原因・あい路とそれへの対応策を考えるに当たっては，証明予定事実記載書の提出まで（特に証明予定事実記載書の在り方。第1フェイズ），予定主張記載書面の提出まで（特に予定主張記載書面の在り方。第2フェイズ），その後の手続（特に主張及び証拠のかみ合わせの在り方。第3フェイズ）というように，場面を区切った上，それぞれの問題状況やその対策を検討することが合理的であると思われるので，フェイズごとに検討を進めることとする。

73　模擬事例Ⅱ（本報告書83頁以下）は後者のパターンである。
74　このような証明予定事実記載書等が，立証しようとする事実やその事実と証拠との関係を示すという証明予定事実記載書等の目的から外れていることは明らかであろう。

2 【第1フェイズ】起訴から証明予定事実記載書提出まで
(1) 長期化事例における第1フェイズの問題状況
ア 証明予定事実に犯罪の成否や量刑上重要な事実とは無関係な内容が含まれること

　　問題状況の1点目として，直接証拠（共犯者供述）型の場合，間接証拠型の場合以上に，犯行に至る経緯等が長く，犯罪の成否や量刑上重要な事実とは無関係な内容をも含んだ詳細な物語式の証明予定事実記載書が提出される事案が多く見られることが指摘できる。これは，共犯者が自白していることによって，共犯者から見た全体の経緯が一つのストーリーになっている上，検察官が，証明予定事実を記載するに当たり，共犯者の供述調書をベースにして，その内容をそのまま引用しやすいということにも原因があると思われる[75]。

　　「共謀」とは，犯罪の共同遂行の合意，すなわち，二人以上の者の間で，特定の犯罪を自分たちの犯罪として一緒に行おうという内心の意思が合致していることをいうと解する立場では，そのような内心の意思の合致は，被告人や共犯者の具体的な行動等から推認することになる。そして，共同正犯の基本形態は，二人以上の者がお互いに意思連絡をしながら，それぞれが役割分担をして犯行を遂行し，その目的を達成するというものであるから，共謀の成立（内心の意思の合致）を推認させる間接事実としては，おおむね「被告人と共犯者との意思連絡状況」，「被告人と共犯者との役割分担状況」，「犯行の目的・利益と各自への利益帰属状況」に関する事実に整理することが可能であろう。これらの事実は，直接証拠である共犯者の供述の核心部分と言ってよい。したがって，証明予定事実記載書において，共謀の成立を推認させる事実を明示するために，上記に関する事実を記

---

[75] 模擬事例Ⅱの証明予定事実記載書1（別紙1）は，その典型例である。①同第1の「被告人と共犯者乙川次郎との関係」は，犯罪事実の成否や重要な情状にほとんど関係がないことが，被告人の悪性格を強調するかのように記載されている。これは，弁護人の反論を招き，争点が拡散するおそれが高く，必要な記載とは考えがたい。また，②同第2の「犯行に至る経緯」の1，2は，共犯者のみに関する事情であり，被告人は全く知らない事実が極めて詳細に記載されている。被告人の刑事責任という観点からすると，被告人に犯罪事実が認められるかどうかとは全く関係がないし，被告人にとっての重要な情状となるものでもない。意味があるのは，せいぜい，共犯者が首謀者であり，被告人は従属的な立場で犯行に加わることになったという被告人の位置付けを明らかにすることだけであろう。そうであれば，「共犯者乙川が，本件犯行に先立ち，資産家である丙田にもうけ話を持ちかけてその所有地の権利証をだまし取ろうとしたものの，その受け取りができなかったため，今度は，被害者を脅したり，場合によっては，被害者を殺害した上でその失踪を装ったりすることを考えるようになっていた」という程度の記載でも足りるのではなかろうか。そのほか，③同第2の3の「被告人の関与状況」や第3以下の記載内容は，量刑上重要な事実とほとんど意味のない事実が混在しており，冗長といえよう。共犯者の供述調書の内容をそのまま証明予定事実記載書に書いたのではないかと疑われる。もちろん，事件の核心である犯罪の成否や量刑上重要な事実の部分だけを取り出したショートストーリーに加え，共犯者の述べる一連の流れのうち，共謀の成立を推認させる具体的な事実をも取り出して，証明予定事実記載書に記載するのであれば，それは，争点及び証拠の整理を迅速に進める上で有意義であり，そのためにショートストーリーよりも長いものとなること自体には何ら問題がない。

載することは，間接証拠型の事案において要証事実を推認する間接事実を早期に明示することと同様の意味があり，検察官がそのような事実をできる限り早い段階で主張することが望ましい[76]。

　また，直接証拠（共犯者供述）型では，証明予定事実記載書として詳細なストーリーが記載されると，弁護人として，反論すべき点がある限り，細かいところまで逐一反論するという傾向が，間接証拠型の事案以上に見られる。被告人と共犯者との間には，犯行に至る経緯の中で，犯行に関係するかどうかはさておき，様々な接触があって，共犯者のストーリーに対し，被告人としての言い分があるためと思われる。そして，その反論は，しばしば，被告人のストーリーとして主張されるが[77]，このように，共犯者のストーリーを記載した証明予定事実記載書と被告人のストーリーを記載した予定主張記載書面を対比しても，共謀の成否の判断のポイントは浮かび上がってこないし，このような状態を放置したまま公判審理に入ると，共犯者の証人尋問や被告人質問も，ポイントが絞られず，長時間に及ぶことになってしまう。

イ　間接事実的補助事実の内容やその関係証拠が不明確であること

　次に，問題状況の2点目として，直接証拠（共犯者供述）型の事案の固有の問題であるが，物語式の証明予定事実記載書では，共犯者の供述内容は明確であるものの，間接事実的補助事実の内容やその関係証拠が不明確となりがちであり，その整理に困難を来たすことが多いということが指摘できる。まず，共犯者の供

---

[76]　共謀を推認させる具体的事実の記載の仕方としては，共謀を推認させる事実の分類整理に従って，項目ごとに記載する方が分かりやすいように思われる。もちろん，事案によっては，時系列に沿って，「被告人と共犯者との意思連絡状況」，「被告人と共犯者との役割分担状況」，「犯行の目的・利益と被告人への利益帰属状況」に関する事実を記載する方法もあり得るであろう。
　例えば，模擬事例Ⅱでいえば，「被告人は，平成24年6月30日頃，乙川から大きなカバンを買うように言われ，D県のかばん店において，スーツケースを購入した【乙川次郎の検察官調書】。その件について，そのかばん店の従業員は，同月下旬頃，40歳くらいの男性から，人が入ることができるくらいの大きさのかばんを探していると言われたため，スーツケースの購入を勧め，これを販売した【かばん店店員の警察官調書】。」といったような記載方法が考えられる。模擬事例Ⅱにおける証明予定事実記載書1も，共謀を根拠付ける事実が長文の物語の中に散在しており，時系列に沿って記載されたとも思われる。しかし，共謀を推認させる重要な事実かどうかという観点での絞り込みがなされず，共犯者の供述をそのまま引き写したような証明予定事実記載書になっている点が問題である。長期化事例では，このような長文の物語式の証明予定事実記載書が，公判前整理手続の中で，些末な求釈明を招いたり，意味のない争いを生じさせたりする原因となっているだけでなく，これを放置したまま公判審理に臨んだため，共犯者の証人尋問や被告人質問のポイントが絞られず，尋問時間が長大になったものもある。

[77]　模擬事例Ⅱでも，予定主張記載書面は，そのような傾向のものとなっている。予定主張記載書面1は，証明予定事実記載書1に対抗するべく，被告人のストーリーが長々と書かれているが，第1の「被告人と乙川の関係」は共謀の成否にとって意味があるとは思われないし，第2の「殺人事件関係について」，第3の「死体遺棄について」も，時系列に沿った事実経過が主張されているものの，そこには共謀の成否に関してはほとんど意味のない事実経過も含まれている。

述という直接証拠によって，詳細なストーリーがひとまず完成することから，その他の証拠によって立証される間接事実的補助事実については，その内容が直接証拠の内容である特定のエピソードと重複する場合には，直接証拠の内容に吸収されてしまうため，独立して記載されることは少ないからである。また，間接事実的補助事実に直接証拠から立証できる事実とは別の内容が含まれている場合には，証明予定事実記載書にそれが記載されることもあるが，共謀の成否という観点からすると，その重要性は直接証拠の内容である特定のエピソードよりも劣ることが多く，こうしたときには，記載が省略されてしまうことがあるためである。

　しかし，直接証拠に虚偽や誤りが入り込む危険性が高い類型の事案では，間接事実的補助事実の存否が直接証拠の信用性を左右するため，これが実質的争点となることが多い。実際の裁判所の判断過程としても，その直接証拠を除いた他の証拠によって認められる事実（間接事実的補助事実）によって，要証事実をどの程度推認することができるかを検討した上で，それを踏まえて直接証拠の信用性を判断することが多い。また，直接証拠が信用できない場合，次の段階として，間接事実から要証事実が認定できるかどうかを検討することになり，その構造は，間接証拠型に帰着する。そうすると，共犯者の供述が直接証拠となっていて，被告人が共謀の成否を争う事案では，間接事実的補助事実に関する争点及び証拠を整理すべきであるが，物語式の証明予定事実記載書のみでは，間接事実的補助事実が明らかにならず，争点整理をすることができない。

　長期化事例においては，物語式の証明予定事実記載書が提出された後，求釈明等を経て，それと同様の物語式の予定主張記載書面が提出されるなどしたものの，最終的にはそれだけでは争点及び証拠が整理されないことに気づき，改めて，間接事実的補助事実に関する主張を明示させ，それに対する反論を求めるなどして，間接事実的補助事実に関する争点整理をやり直すことが多い。また，間接事実的補助事実を整理しないまま，争点及び証拠を整理しようとしたものの，証拠の採否の段階で，その関連性や取調べの必要性が判然としないため，証拠ごとに詳細な立証趣旨や尋問事項を求釈明するなどして，時間を要しているものもみられる[78]。

78　模擬事例Ⅱでいえば，死体遺棄現場に向かう途中の行動状況に関し，ガソリンスタンド店員の供述調書が請求されているが，物語式の証明予定事実記載書1では，間接事実的補助事実の内容が記載されていないため，証拠の関連性や取調べの必要性は明らかになっていない。その内容によっては，被告人が死体遺棄の共犯であるかどうかについての重要な補助事実になる場合（例えば，ガソリンスタンド店員が，ある車種の自動車に乗っていたのが乙川と被告人であると識別できたのであれば，死体遺棄の直前に被告人と乙川が一緒に行動していた事実が重要な間接事実的補助事実になる。）もあれば，全く意味がない場合（例えば，ガソリンスタンドの店員が，その時間帯にある車種の自動車にガソリンを入れたと述べているだけで，その自動車に誰が乗っていたかについては全く認識していなかったのであれば，被告人が共同正犯であるかどうかの判断には役立たない。）もあるが，物語式の証明予定事実記載書ではその区別ができないため，証拠の採否ができないことになる。

しかし，証拠の採否の段階になって初めて，関連性や必要性を明らかにするというのでは，証明予定事実記載書を出発点として争点及び証拠を整理するという法の趣旨に反する。すなわち，証明予定事実を明らかにするに当たって，事実とこれを証明するために用いる主要な証拠との関係を具体的に明示することが求められているのは，事件の立証構造を全体として示すことが事件の争点及び証拠の整理を円滑に進めることに役立つからである（刑訴規則217条の20第1項参照）。間接事実的補助事実が複数ある場合には，それぞれの推認力，直接証拠の信用性に影響を与える程度や各事実相互の関係性等を全体的に概観できてこそ，争点及び証拠の整理を円滑に進めることができる[79]。

ウ　整理すべき補助事実を超えて無関係な事情について主張されてしまうこと

　　問題状況の3点目として，直接証拠（共犯者供述）型の事件では，整理すべき補助事実の範囲について，法曹三者の間に共通認識がないため，純粋補助事実をも含めて主張したり，供述の信用性それ自体に関する主張を詳細にしたりする傾向が見られる。特に，供述の信用性に関する主張が過剰になされ，まるで，論告，弁論であるかのような様相を示す例はかなり多い[80]。これらの事例では，弁護人も，検察官の主張に対抗する形で，検察官の主張書面に対して求釈明し，その結果を踏まえて，供述の経過や供述内容に関する詳細な反論を予定主張記載書面として提出する傾向がある[81]。裁判所も，争点及び証拠を整理するという視点のないまま，検察官又は弁護人の求釈明をそのまま相手方に丸投げして，悪循環を助長させている。

(2) 証明予定事実記載書の記載内容の在り方

　　検察官は，証明予定事実を記載するについては，事件の争点及び証拠の整理に必要な事項を具体的かつ簡潔に明示しなければならない（刑訴規則217条の20第1項）。
　　事件の争点及び証拠を的確に整理するためには，単に，法律要件上の争点（模擬事例Ⅱでいえば，「被告人が共同正犯であるか」）が明らかになればいいのではないことは，間接証拠型と同様である。争点が共謀の成否であり，その証拠構造が共犯者の供述という直接証拠型の事案では，検察官は，証明予定事実記載書において，二つの観点からの主張を明示する必要がある。すなわち，第一に，共謀の成立を推認させる事実を明示するために，「被告人と共犯者との意思連絡状況」，「被告人と

---

[79] 例えば，模擬事例Ⅱにおいて，死体遺棄現場に向かう途中の行動状況に関する補助証拠としては，ガソリンスタンドの店員のほか，死体遺棄現場付近で二人乗りのある車種の自動車を目撃した女性等が請求されているが，それぞれによって立証される間接事実的補助事実の内容を同時に概観できてこそ，より適切な証拠採否ができるであろう。

[80] 長期化事例の中には，共犯者の供述経過を逮捕時から詳細に主張している事例，供述内容の合理性，自然性等に関する詳細な主張をしている事例等が見られた。

[81] さらには，検察官が，弁護人の主張書面に対して求釈明し，その結果を踏まえて新たな証明予定事実記載書を提出する例もあった。

共犯者との役割分担状況」,「犯行の目的・利益と各自への利益帰属状況」に関する事実を明示することであり,第二に,共犯者の供述の信用性を的確に判断するための事実として,共犯者の供述とは独立した証拠によって立証され,要証事実に対する推認力を有する間接事実的補助事実を明示することである。これらの事実が,具体的な事実レベルの実質的争点となり得るのであるから,検察官は,その整理に必要な事項を具体的かつ簡潔に明示し,併せて,これらの事実を立証するために取り調べるべき証拠を明らかにしなければならない。

　争点及び証拠を的確に整理するためには,検察官が証明予定事実としてそれらの点を明らかにすることが出発点となり,それに対し,弁護人は,検察官の主張する①共謀の成立を推認させる具体的事実や②間接事実的補助事実を争う場合にはそれを明示するとともに,争う方法として,積極的事実の主張をする場合にはその内容とその立証方法を明らかにすることになる。そのイメージは,次頁の「直接証拠(共犯者供述)型の争点及び証拠の整理」のとおりである。

直接証拠（共犯者供述）型の争点及び証拠の整理

検察官が証明予定事実で明らかにすべき事項
（証拠構造）

- 意思連絡状況に関する各事実（α1〜α3）
- 役割分担状況に関する各事実（β1〜β2）
- 目的・利益の帰属に関する各事実（γ1〜γ2）

↓

直接証拠

- 補助事実1 ← 証拠a
- 補助事実2 ← 証拠b
- 補助事実3 ← 証拠b、証拠c

法律要件上の争点 ➡ 共謀の成否

補助事実？ ← 証拠d　証拠能力？

※補助事実は間接事実的補助事実に限定

弁護人が予定主張で明らかにすべき事項
（争う点とその争い方→積極主張にはその証拠）

- 意思連絡状況に関する事実（α1）を争う
  - α1と両立しない事実 ＋ 証拠x AQ※
- （α2は争わない）
- α2とは両立するが、その推認力を妨げる事実 ← 証拠y
- （β1・補1は争わない）
- β1・補1と両立するが、その推認力を妨げる事実 ← 証拠z
- β2・補2は争う
  - β2・補2と両立しない事実 ＋ 証拠 AQ※

※弁護人の主張する積極的事実を立証する証拠が被告人質問である場合には、さらに、検察官がその事実を争うか、争う場合には、その争い方等、主張と証拠を明示すべき

法律要件上の争点
⇓
① 事実レベルの実質的争点
＋
② その争点を判断するために調べるべき証拠の確定

➡ **争点及び証拠の整理**

直接証拠の信用性を主張するのではなく、立証予定の事実とその証拠を明示（弁護人の主張する積極的事実を主張した場合も、主張と証拠を明示すべき（基本的構造は同じ））

(3) 証拠構造型の証明予定事実記載書の提出時期と早期打合せの重要性
　ア　証拠構造型の証明予定事実を記載すべき義務

　　　間接証拠型の事案と同様に，共犯事件であっても，捜査段階で被告人が自白している事案や，弁護人が早期打合せの段階で争点は量刑であるという見込みを明らかにしたような事案では，争点及び証拠の整理に必要な事項は，事案の核心である犯罪の成否及び量刑上重要な事実だけであるから，検察官は，事件の核心となる犯罪事実及び量刑上重要な事実（本件はどのような事件なのかという社会的類型を明らかにするとともに，その社会的類型の中での相対的位置付けを左右する事実及び重要な一般情状事実）を明らかにしたショートストーリーによる証明予定事実記載書を提出すべきであろう。

　　　もっとも，間接証拠型の事案と同様に，情状以外の法律要件上の争点として共謀の成否が問題となることが見込まれるようになった段階で，検察官は，事件の争点及び証拠の整理に必要な事項を具体的かつ簡潔に記載しなければならないから，前記(2)で述べた事実を，それぞれ明示すべき義務があるというべきである[82]。

　　　検察官が自主的にそのような対応をしなければ，裁判所は，証拠構造型の主張を明示するように働き掛けるべきであり，その働き掛けは，第1類型の争点及び証拠の整理に当たることも，間接証拠型と同様である。

　イ　早期打合せの活用等

　　　直接証拠（共犯者供述）型の事案においても，早期打合せの趣旨目的，内容，有用性等については，間接証拠型で述べたことがそのまま当てはまる。特に，直接証拠（共犯者供述）型の事案では，どのような主張をすることが求められているかについて，法曹三者の間に共通認識がないことが多いため，基本的な主張立証の在り方について，十分に意見交換をしておく必要性が高い[83]。

　　　また，弁護人の争点の見込み等に応じて，証拠の請求や任意開示を工夫すべき

82　検察官は，共謀の成否を具体的な事実関係に基づき検討するとともに，共犯者の供述の信用性を客観証拠等に基づいて検討した結果，被告人を共謀が成立するとして起訴したのであるから，必要性がある場合に，検察官にその点の明示を求めたとしても，過度の負担を与えるものではないし，それによって，弁護人の予定主張の検討が容易になって，公判前整理手続の充実・迅速化につながることが期待できることは，間接証拠型の事案と同様である。

83　模擬事例Ⅱでは，起訴の段階で，被告人及び共犯者の捜査段階の各供述から，被告人の共同正犯該当性が争点となり，共犯者の供述が直接証拠となることが予想し得ると思われる。このような事例であれば，早期打合せをしなくても，検察官において，必要に応じて弁護人の意向を確認し，最初の証明予定事実記載書の段階から証拠構造型の記載をすることが可能だったのではないかと思われるが，早期打合せが行われていれば，その点に関し，より明確な意思疎通が図れていたであろう。

ことについても，間接証拠型の事案と同様である[84]。

3 【第2フェイズ】予定主張記載書面の提出まで
(1) 長期化事例における第2フェイズの問題状況
ア 予定主張記載書面の提出がかなり遅れること

第2フェイズの問題状況の1点目として，間接証拠型と同様に，弁護人の予定主張記載書面の提出がかなり遅いということが指摘できる。弁護人の予定主張記載書面の提出状況等をみると，類型証拠開示請求をする時期や証拠開示を受けてから予定主張記載書面を提出するまでの期間について明確な見通しを立て，速やかに提出することを心掛けている弁護人がいる一方で，弁護人が延々と類型証拠開示請求を続け，その終了見通しも明らかにせず，裁判所も催促をするものの，予定主張記載書面の提出期限を定められず，結局，証明予定事実記載書が提出されて相当長期間が経過してから，ようやく予定主張記載書面が提出されるという事例もあった。また，弁護人が，検察官に対し，共謀の根拠となる事実や補助事実を明示するように求めているものの，検察官がなかなかこれに応じなかったなど，検察官の側に弁護人の予定主張記載書面の提出を遅らせる原因があると考えられるものもあった。

イ 長文の物語式の証明予定事実記載書が提出された後の公判前整理手続の進め方について法曹三者の間に共通認識がないこと

問題状況の2点目として，長文の物語式の証明予定事実記載書が提出された場合，その後，どのように公判前整理手続を進めるかについて，法曹三者の間に共通認識がないため，公判前整理手続が迷走しがちであるということが指摘できる。間接証拠型においては，争点及び証拠を的確に整理するためには，間接事実を明示した証拠構造型の証明予定事実が必要であるということにつき，法曹三者の間に一定程度共通認識があると考えられる[85]。それは，間接証拠型の事案では，要証事実を直接立証できる証拠がなく，複数の間接事実を積み重ねて事実認定をする必要があることから，証拠によって直接的に立証される事実（間接事実）を争点整理の対象とする必要があることが容易に理解できるからだと思われる。他方，直接証拠（共犯者供述）型では，①共謀を推認させる事実と②間接事実的補助事

---

[84] 模擬事例Ⅱでは，早期打合せが活用されておらず，そのこともあって，類型証拠開示請求が遅くなっている。共犯者の供述調書，被告人の供述調書，犯行供用物件の購入先関係者の供述調書，殺害現場，死体遺棄現場，死体を運搬したスーツケースや自動車等の実況見分調書，それらの場所等から採取した微物の採取状況やそれらの鑑定結果等は，早期の任意開示をすべきであったといえよう。

[85] 間接証拠型の模擬事例Ⅰ（第2参照）においても，弁護人の予定主張記載書面の提出前に，検察官が証拠構造型の証明予定事実を明らかにしており，実務的にも，通常の事件では，弁護人が早期の打合せ等において争点の見込み等を明らかにすれば，予定主張記載書面が提出される前に，検察官において，証拠構造型の証明予定事実を明らかにするという進行になることが多い。

実という二つの観点[86]から，争点及び証拠を整理する必要があるが，その点につき法曹三者の間に共通認識がない。それは，証明予定事実記載書に記載された事実は，共犯者の供述によって直接的に認定できる事実である上，長文の物語の中には，共謀を推認させる事実も含まれているため，公判前整理手続の充実・迅速化の観点への考慮がされないまま，ひとまず，これに対する反論を予定主張記載書面として書けばいいのではないかという判断になりがちだからだと思われる。そのため，直接証拠（共犯者供述）型の事案で，検察官が長文の物語式の証明予定事実記載書を提出した場合には，間接証拠型の事案以上に，弁護人も長文の物語式の予定主張記載書面を提出しがちであり，そうなると，共犯者の言い分と被告人の言い分が真っ向から対立していることだけは判明するものの，実質的争点が浮かび上がらず，取調べの必要のある証拠の範囲も明確にならないことが多い。

　事案によっては，弁護人が，長文の物語式の証明予定事実記載書が提出された段階で，検察官に対し，①共謀を推認させる事実や，②共犯者の供述の信用性を支える間接事実的補助事実をまず明らかにしていただきたい，というように，適切な要望をしている場合があるにもかかわらず，検察官において，弁護人が予定主張記載書面を提出した段階で，そのような証明予定事実記載書を提出するかどうかを判断する，といった適切とは思われない対応をすることがあり，また，裁判所も，早期打合せの段階で，共謀の成否が争点となり得ることが判明しており，検察官に対し，①共謀を推認させる事実や，②共犯者の供述の信用性を支える間接事実的補助事実を明示するように働きかけるのが相当であるのに，そのような対応をしていない例が多く見られた[87]。この種の事案における争点及び証拠の整理の在り方について，共通認識がないことの現れであると考えられる。

ウ　弁護人の反論が予定主張記載書面に十分に記載されていないこと

　問題状況の３点目として，検察官において，①共謀を推認させる事実や，②共犯者の供述の信用性を支える間接事実的補助事実が主張されていても，それに対する反論等を記載した弁護人の予定主張記載書面の内容が不十分であることが多いということが指摘できる。すなわち，検察官が主張するこれらの事実について，弁護人が，その事実の存否やその推認力を争う場合において，検察官の主張する事実と両立しない別の事実を積極的に主張立証することによって検察官の主張す

---

[86] 共謀を推認させる事実と間接事実的補助事実は重なり合う場合もあるが，共謀を推認させる事実は，共犯者の供述を含めた証拠で立証することを予定する事実であるのに対し，間接事実的補助事実は，共犯者の供述を除いた証拠で立証することを予定する事実であるため，共謀の成立の推認という観点では比較的弱い推認力しかない事実であっても，共犯者の供述の信用性を左右するという意味で，重要性を持つことがある。

[87] 模擬事例Ⅱでは，物語式の証明予定事実記載書１が提出された直後の打合せにおいて，弁護人が，共謀の成否等を争う意向を示したにもかかわらず，弁護人が物語式の予定主張記載書面１を提出した後になってからようやく，検察官が証拠構造型の証明予定事実記載書面の検討に入っている。

る事実を否定したり，検察官の主張する事実と両立する別の事実を積極的に主張立証することによって，検察官の主張する事実の推認力を妨げたりすることを予定しているにもかかわらず，予定主張記載書面において，そのような積極的事実主張を具体的に明示していない例がかなり見られる。

(2) 予定主張記載書面の提出時期等

問題状況に対する対策については，第2の「間接証拠型における争点及び証拠の整理」と基本的に同じである。

共謀の成否が争点となる見込みであることが分かっているにもかかわらず，検察官から長文の物語式の証明予定事実記載書が提出され，共謀を推認させる事実や，間接事実的補助事実が明確になっていない場合，まずは弁護人が検察官に対し，そのような事実を具体的に明示した証明予定事実記載書を提出してもらいたいと指摘するのが相当であるし，弁護人がその旨の指摘をしない場合には，裁判所から検察官に対し，「被告人と共犯者との意思連絡状況」，「被告人と共犯者との役割分担状況」，「犯行の目的・利益と各自への利益帰属状況」に関する具体的事実や間接事実的補助事実を記載した証明予定事実記載書の提出を求める必要がある。この段階で長文の物語式の予定主張記載書面が提出されると，その後の争点整理に困難を来すことは明らかだからである。

このような対応を可能とするためには，証明予定事実記載書提出後の比較的早い段階で，打合せ又は公判前整理手続期日を設け，検察官の物語式の証明予定事実記載書を叩き台として，法曹三者の間で，口頭で議論することによって検察官の証拠構造を明らかにするなどして，証明予定事実記載書や予定主張記載書面に対する法曹三者の認識を共有していくという方法も，公判前整理手続を充実・迅速化させる上で有用であろう[88]。

---

[88] 追起訴が予定されている場合，弁護人によっては，全ての追起訴が終わらない限り，最初の本起訴事実についても，予定主張を明らかにしないという方針を示し，裁判所もそれを許容することがまま見られる。しかし，後からまとめて主張をすることとした事例では，追起訴の時期が遅れてもそれが放置されるなどして適切な対応がされなかったり，最終の追起訴がなされてから予定主張記載書面が提出されるまでの期間が通常よりもかなり長くなったりしがちである。本起訴と追起訴に関連性が認められるとしても，それぞれの事件ごとに独立して検討すべき事項は存在している。公判前整理手続の長期化を防ぐためには，特段の事情がない限り，起訴された事件ごとに予定主張記載書面の提出等の手続を進めることが相当である。

模擬事例Ⅱでは，死体遺棄で起訴がされた後，殺人で追起訴がされるまでの間，約2か月にわたり，何らの手続も進んでいない。死体遺棄と殺人が関連するとしても，死体遺棄で起訴した以上，検察官が必要十分だと考える証拠はそろっているはずであるし，主張の準備もできるはずである。また，弁護人としても，犯人性又は共謀の成否については，殺人の証拠をも見た上で検討することになろうが，被害者の死体が誰かによって遺棄されたことなど，独立して検討を進めておくべき事項も考えられる。

(3) 予定主張記載書面の記載内容

　直接証拠（共犯者供述）型の事案において争点及び証拠を的確に整理するためには，弁護人の予定主張は，まずは，検察官の主張のうち，共謀を推認させる，「被告人と共犯者との意思連絡状況」，「被告人と共犯者との役割分担状況」，「犯行の目的・利益と各自への利益帰属状況」に関する具体的事実（直接証拠の核心部分）を争うのかどうか，そして，争う場合には，その点に関する検察官請求の直接証拠である共犯者の供述を弾劾するにとどまるのか，それとも積極的事実を新たに主張してその点の反証をするのかを明示すべきである。なぜなら，前者であれば，検察官請求証拠によって検察官の主張する事実が認められるかどうかが争点になるのに対し，後者であれば，弁護人の主張する積極的事実が存在する可能性があるかどうかも争点となり，必要に応じて検察官に反証を許す必要があるため，争点及び証拠を整理する上で必要不可欠というべきであるからである。積極的事実の主張としては，検察官の主張事実と両立しない事実を積極的に主張立証する場合（積極否認型）と，検察官の主張事実と両立するものの，共謀の成立への推認力を減殺する事実を積極的に主張立証する場合（間接反証型）とがあるが，いずれも，弁護人は積極的事実の主張を明示しなければならない。主張明示の具体性の程度や被告人質問のみで立証する積極主張の明示義務等については，第2の「間接証拠型における争点及び証拠の整理」で論じたことと基本的に同じである[89]。

　さらに，直接証拠（共犯者供述）型の事案では，直接証拠の信用性が争われることが想定され，その信用性を判断する上では，他の証拠によって認定できる間接事実的補助事実の存否が重要となって，実質的争点となり得るのであるから，検察官の主張する間接事実的補助事実に関しても，その事実を争うのかどうか，そして，争う場合には，その点に関する検察官請求証拠を弾劾するにとどまるのか，それとも積極的に新たな事実を主張してその点の反証をするのかを明示すべきである。間接事実的補助事実に対しても，積極否認型の主張と間接反証型の主張とがあり得る

89　模擬事例Ⅱでは，検察官の証明予定事実記載書2（別紙3）に記載された事実のうち，共謀を推認させる事実（直接証拠の核心部分）に関しては，被告人と共犯者との意思連絡や被告人が役割分担をしたことを争っていることは明確であるものの，その争い方として，共犯者の供述を弾劾するにとどまるのか，それとも何らかの積極的な事実の主張をして反証をするのかどうかについてはやや曖昧であり，できる限り早期に，具体的に明らかにすべきである。例えば，犯行時間帯のアリバイの主張，他の共犯者の具体的可能性の主張が考えられ，予定主張記載書面1（別紙2）では，それらの点に関し，漠然とした事実が記載されている。これらは，実質的争点となることが想定され，その主張内容によって取り調べる証拠の範囲も異なってくるから，より明確な記載が望ましいというべきである。

が，いずれの主張も，争点及び証拠を整理する上で必要不可欠である[90]。

　そして，弁護人が予定主張記載書面でそれらの事実に関する主張を明示していない場合には，裁判所は，第１類型の争点及び証拠の整理として，早期に求釈明によってその具体的内容を明らかにさせる必要がある。

　検察官が情状をも含めた全体の事件の流れを記載する趣旨で長文の証明予定事実記載書を提出しただけで，共謀を推認させる具体的事実や間接事実的補助事実を整理して主張していない場合には，弁護人の予定主張記載書面の記載内容を充実させるため，まずは検察官に上記事実を整理して主張してもらうことが重要であろう。物語式とはいえ，ひとまず証明予定事実を明らかにしている以上，弁護人において主張を明示すべきであるとして，検察官がこれに応じない場合であっても，弁護人としては，物語式の証明予定事実記載書に対応した形で，物語式の予定主張記載書面を出す必要はないはずである。弁護人は，被告人の犯罪の成立を争うのであれば，原則として情状事実に関する主張は考えていないはずであるから，犯罪の成否に関する事実のみを簡潔に主張すれば足りると思われる。弁護人によっては，被告人の供述内容の自然性，合理性を明らかにしようとして，被告人の供述に基づくすべて

---

[90] 模擬事例Ⅱでは，検察官の証明予定事実記載書２（別紙３）に記載された間接事実的補助事実に関して，弁護人において積極的事実の主張があるのではないかと考えられる事項がありながら，具体的な主張がされていない。例えば，自動車のトランク内にあるサイドカバー，フロアマット等が剝がされ，洗剤によって洗浄された痕跡があること（同書面第１の３(3)），被告人が東岡に対してけん銃ないしサバイバルナイフの入手可能性を尋ねたこと（同書面第１の４(1)），被告人が北海道に行く途中で人が入ることができるくらいの大きさのスーツケースを希望して本件スーツケースを購入したこと（同書面第１の４(3)）等に関しては，被告人の行動に関わるのであるから，被告人側において何らかの積極的事実を主張することが十分に考えられる。また，検察官の主張自体明確ではないものの，検察官としては，ガソリンスタンド店員や黒谷桜子の供述により，乙川と被告人が死体遺棄の直前に一緒に行動をしていたことを間接事実的補助事実として主張するようにも思われ，そうであるとすると，その点は，実質的争点の中でも，かなり重要なポイントとなるであろう。そうだとすると，弁護人は，ガソリンスタンド等の地点までは一緒に行動をしていたことを争うのかどうか，争わないとすれば，その後，被告人がどのような行動をしたかについて具体的主張をするのかなどを明示する必要が生じるというべきである。その後の行動は，被告人のアリバイとも関係し，公判でいきなり被告人がその後の行動を具体的に述べることになれば，新たな証拠調べの必要性が生じかねない。そのほか，重要な間接事実的補助事実としては，証明予定事実の中で明示されていないものの，証拠としては，被告人宅から死体遺棄現場近くにある奥山神社のお守りとお札が発見されたという事実があるようである。まずは，検察官がその主張立証をするのかどうかを確定することが先決であるが，そのような事実が主張されるのであれば，弁護人は，予定主張記載書面２（別紙４）の第２の１の主張のように「本件以前に知人からもらったものである」という抽象的な主張をするだけでとどまるのか，それとも，知人からもらった時期やその知人の特定に関する具体的内容を主張するかをきちんと明らかにすべきであろう。それを明確にしないまま，公判審理を行い，被告人が公判で，知人の名前を具体的に挙げながら譲り受けた状況を迫真的に供述することが生じれば，その知人の証拠調べの必要性が生じ，審理計画が崩れてしまうという事態が生じかねない。弁護人としては，これらの間接事実的補助事実に関しても，事実を争うのかどうか，争うとしてどのような争い方をするのかを明示すべきである。

の経緯を主張したいと考えるのかもしれないが，公判前整理手続の目的は，争点及び証拠を整理することであるから，実質的争点の確定や証拠調べの範囲に影響するかどうかという観点から必要な主張をすれば足りると考えられる[91]。

4 【第3フェイズ】検察官及び弁護人の主張提出後
(1) 長期化事例における第3フェイズの問題状況
ア 争点が未整理のまま公判前整理手続を終結していること

第3フェイズにおける問題状況の1点目は，検察官の証明予定事実が，長文の物語式のままで，共謀を推認させる事実及び間接事実的補助事実がきちんと明示されず，当然のことながら，弁護人の予定主張も，検察官が主張すべき共謀を推認させる事実及び間接事実的補助事実に対応した形で，争いの有無やその争い方が明示されていないものとなり，裁判所も，共謀を推認させる事実や間接事実的補助事実を主張するように働きかけず，その結果，争点整理の結果が，共犯者の供述に基づく事実主張と被告人の供述に基づく事実主張の対立部分を並べるだけになっていたり，共犯者の供述の信用性であるとの1行のみであったりというものである。こうした整理は裁判員へ判断対象を提示するという観点から大きな問題であるし，また，裁判所が判断のポイントとなる事実を把握していないため，証拠調べの範囲を適切なものとすることもできないから，争点及び証拠の整理がされたとは言い難い。

その根本的原因としては，直接証拠（共犯者供述）型の事案における争点及び証拠の整理の在り方について，法曹三者の間に共通認識がないばかりか，裁判所も，その方法について迷いがあることが挙げられる。例えば，裁判所が間接事実的補助事実に関する争点整理をしない理由の一つとしては，供述の信用性に関する争点整理をすることへの躊躇や戸惑いがあると思われる。しかし，公判前整理手続において検察官及び弁護人の主張提出後に裁判所がすべきなのは，供述の信用性を評価することではなく，間接事実的補助事実の内容やそれを支える証拠を整理することに過ぎない。その限度で争点及び証拠を整理することは，裁判所の本来的責務である。

また，間接事実的補助事実がいくつかある事案においては，上記のような観点での争点整理がされていないと，補助証拠の必要性が明らかでないため，証拠ごとに求釈明をせざるをえず，結局，証拠の採否の段階で，取り調べるべき証人がなかなか決まらなかったり，統合捜査報告書の作成の遅延を招いたりして，公判前整理手続が長期化するという弊害が生じる。この点に関する裁判所の問題意識

---

91 例えば，模擬事例Ⅱにおいて，被告人と乙川の関係に関する事実は必要であろうか。また，北海道における被告人の詳細な行動（例えば，食事の内容，温泉に入ったこと，スマートフォンでインターネットを見ていたことなど）に関する主張は不要ではないか。これらの事実は，共謀を推認させる事実や間接事実的補助事実に対する弁護人の積極的事実の主張ではない（もちろん，弁護人側の情状事実の主張でもない。）から，最終的にも主張する必要がない事実のように思われる。

は十分なものとはいえない。

イ　供述の信用性とその根拠を争点として整理してしまうこと

　第3フェイズの問題状況の2点目は，共犯者の供述や被告人の供述の信用性に関する補助事実についての争点整理をしようとする中で，共犯者及び被告人の各供述の信用性そのものが争点としてとらえられ，それらの信用性の根拠である利害関係，知覚記憶の条件，供述経過，他の証拠との整合性（裏付け），供述内容，供述態度といった供述の信用性の判断指標に当てはまる具体的事実とその評価を主張し合っているものである[92]。しかも，そこで検討の対象としているのは，捜査段階での供述である。公判で捜査段階と全く同じように供述するとは限らないのに，捜査段階の供述内容を所与の前提として，その信用性を議論するべきではない。さらに，裁判所についても，検察官又は弁護人のこれらの不必要な主張に対し，その趣旨を確認してその応酬を制限するといった働き掛けをしないばかりか，逆に，裁判所が積極的に検察官又は弁護人に対し，供述の信用性に関する主張をするように促しているような事例もあった。その中には，検察官及び弁護人が，お互いの主張内容に関し，求釈明を求めたり，裁判所もこれを許容したりして，更に時間を要しているものも見られた[93]。

　また，間接事実的補助事実を整理するという視点から，検察官及び弁護人に対し，「共犯者の供述の信用性に関わる補助事実を主張するように」という求釈明をすることがあっても，その対象である補助事実の意義を明確にしていないため，かえって，検察官及び弁護人において，詳細な供述経過その他，公判前整理手続で整理する必要のない純粋補助事実に関する主張がなされる例も見られた。「補

---

[92] 模擬事例Ⅱでみると，証明予定事実記載書2（別紙3）は，不十分ながら，基本的には間接事実的補助事実の主張を明示したものであり，その方向性に従って争点及び証拠を整理すべきであったのに，共犯者が捜査段階の調書どおりには供述をしないおそれが生じたことをきっかけとして，証明予定事実記載書3（別紙5）は，共犯者の供述（捜査段階）の信用性に焦点を当て，供述内容の具体性，他の証拠との整合性，供述経過等を主張するとともに，被告人の弁解の不自然性，不合理性を併せて主張するものになった。弁護人の予定主張記載書面3（別紙6）は，それに応じた形で，被告人の供述の信用性に焦点を当て，被告人の性格，否認の一貫性等を主張するとともに，共犯者の供述については，他の証拠との不整合，虚偽供述の動機，供述経過等を詳細な証拠の評価を含めて指摘し，信用できない旨を主張するに至っている。この事例では，共犯者が捜査段階の供述調書どおりに公判で供述しないことが予想されるようになったため，捜査段階の供述の信用性を積極的に立証しようとしたものと思われるが，研究員が検討対象とした事例の中には，さらにそれを推し進めて，刑訴法321条1項2号の要件該当性まで争点整理をしているものもあった。

[93] 直接証拠（共犯者供述）型の場合，共犯者の供述については，検察官が積極的に主張立証すべきものであるから，証明予定事実記載書の在り方（第1フェイズ）として，被告人の供述については，弁護人が積極的に主張立証するものであるから，予定主張記載書面の在り方（第2フェイズ）として，問題となり得るが，検討対象とした事例の大半は，当初の証明予定事実記載書及び予定主張記載書面では供述の信用性に立ち入っておらず，第3フェイズの段階になって，供述の信用性に関する主張の応酬が行われているのが実情であった。そこで，本研究では，第3フェイズの問題として扱うこととした。

助事実」という概念は多義的であり，公判前整理手続の目的や公判中心主義の観点から，改めて，直接証拠（共犯者供述）型の事案において，供述の信用性に関わる争点及び証拠の整理の在り方を整理すべきである[94]。

(2) 供述の信用性に関わる争点及び証拠の整理の在り方

ア　一般論

　　第2フェイズまでに，検察官において，①共謀を推認させる事実及び②間接事実的補助事実を明示して，これを立証する証拠を請求し，弁護人において，それらの各事実のうち，争う部分とその争い方を明示した場合には，裁判所は，第3フェイズの段階で，検察官の証明予定事実記載書と弁護人の予定主張記載書面に記載された双方の主張や証拠の認否を照らし合わせ，実質的争点が何か，その点を判断するためにはどのような証拠を調べればいいのかが明確になっているのかを確認することになる。検察官又は弁護人の主張が不十分であったり，不明確であったりした場合には，当事者追行主義や迅速かつ円滑な手続進行の観点からして，検察官と弁護人との間で，相手方の主張の不明確な部分や不十分な部分の趣旨・内容等を問い合わせ，その問合せに応じて任意に主張を補充するのが望ましい[95]。

　　特に，直接証拠（共犯者供述）型の事案では，間接事実的補助事実の範囲を超えて，供述の信用性に関する事情を主張し合うような形にならないように，十分に留意する必要があろう。

イ　供述の信用性に関する争点及び証拠の整理

　　以上を前提に，供述の信用性に関する争点及び証拠の整理をする必要があるかどうかを検討すると，以下のとおり，供述の信用性として整理する必要はなく，通常は，間接事実的補助事実として整理すれば足りるということになるであろう。

　　まず，公判中心主義の観点からは，公判において供述の信用性を検討する対象は，公判供述であって，捜査段階の供述ではないことを踏まえる必要がある。供

---

[94]　本来，検察官及び弁護人の姿勢として，証人尋問で真実を引き出すとか，的確な尋問により裁判体に心証を採ってもらう，というスタンスが必要なはずである。供述の信用性に関する事情は，できる限り，その証人尋問の中で明らかにして，裁判体が的確な心証が採れるようにすることが望ましいといえる。
　　供述の信用性を争点ととらえ，その根拠を判断指標に沿って主張している事例をみると，ほとんどの事例で，供述の経緯，他の証拠との整合性等に関し，きわめて詳細な事実や評価が，証明予定事実や予定主張として明示されている。しかし，そのような詳細な主張立証を公判で行うことになれば，判断のポイントが不明確となり，充実した審理とは言い難いものになる。供述の信用性は，重要なポイントで決着し，結論を出すことができることが多い。検察官及び弁護人も，いざ公判になると，公判前整理手続で主張していたことの大半は主張立証せず，ポイントのみを尋問の中で明らかにすることがままある。公判審理の実情から考えても，公判前整理手続で，供述の信用性に関する事情を細部にわたって議論するべきではない。

[95]　しかし，実情としては，裁判所が介在し，検察官又は弁護人に対し，求釈明をする必要があることが多い。

述の信用性の判断指標のうち，供述内容（自然性，合理性，具体性，迫真性）や供述態度は，裁判体が公判で証人の供述を直接見たり聞いたりすることによって判断すべきであって，あらかじめ公判前整理手続で争点整理をすることはできないし，証拠調べの範囲にも何ら影響しない事項である。加えて，供述内容が自然であるとか，合理的であるといった主張や供述態度が誠実で真摯であるといったことは，証拠に対する評価であって，具体的な事実ではない。評価は，公判の審理に基づいて判断すれば十分であって，あらかじめ公判前整理手続で整理すべき事項には当たらない[96]。

他方，間接事実的補助事実は，供述の信用性の判断指標でいえば，他の証拠との整合性（裏付け）に当たるが，公判前整理手続では実質的争点を確定し，取り調べるべき証拠を決定しなければならないから，証拠調べの範囲に影響する間接事実的補助事実及びその証拠（補助証拠）については，争点及び証拠の整理の対象としなければならない。

利害関係，知覚記憶の条件及び供述経過に関する事実は，純粋補助事実の一種であり，主張立証の対象となり得る。しかし，これらの事実に関する大半は，請求証拠あるいは開示証拠等に基づき，検察官及び弁護人双方が共通認識を有しているのが一般的であり，相手方に対し，反証の検討の機会を与える必要がない。また，客観的証拠で明らかなもの（例えば，視認条件に関わる現場の状況等）を除くと，証人尋問や被告人質問とは別の証拠で立証することはあまりなく，証人尋問や被告人質問の中で，その供述内容等に応じて，適宜，尋問をするかどうかやその程度を臨機応変に考えながら尋問をするのが適当である。そうすると，これらの純粋補助事実は，原則として整理する必要がない[97]。

もっとも，検察官又は弁護人の一方のみが把握している外在的な純粋補助事実（評価を伴わない客観的な事実で，検察官が補充捜査で把握したものや弁護人が独自調査で知ったものなど）で，その事実が公判でいきなり立証されると，相手方に不意打ちとなるようなものを公判で主張立証することを予定している場合には，相手方に反証の検討の機会を与える必要があるため，証明予定事実，予定主

---

[96] 共犯者が捜査段階の供述調書どおりに公判で証言しないことが予想される事案であっても，検察官は，捜査段階の供述がなぜ公判での証言と異なるのか，共犯者が公判で証言できないのはなぜなのかを，公判の証人尋問で明らかにすることによって，その証言の信用性を弾劾し，相対的に捜査段階の供述の信用性を高めるように努めることになろう。

[97] 模擬事例Ⅱでいえば，証明予定事実記載書3（別紙5）の第2において，共犯者の供述の経過が主張されているが，その大半は，共犯者の供述調書や供述書等に記載されている内容であり，検察官及び弁護人間では共通認識があるし，必要な限度で，証人尋問の中で明らかにすれば足りるから，公判前整理手続における争点整理の対象とする必要はないと考えられる。

張として明示する必要がある[98]。この点は，第2の「間接証拠型における争点及び証拠の整理」の4(3)で述べたとおりである。

(3) 相手方の主張していない事実に対する反論の取扱い

請求証拠等の中には現われてはいるものの，検察官の証明予定事実記載書に主張としては明示されていない事実について，弁護人が，予定主張記載書面において言及して反論したり，又は，検察官が，証明予定事実記載書において被告人が捜査段階で述べたことに対して先回りして反論したりすることがある[99]。

捜査段階の証拠に何らかの記載がある事柄の全てにつき，反論やそのための立証を許すことになれば，争点及び証拠の拡散，ひいては公判前整理手続の長期化を招くことになる。このような場合には，検察官及び弁護人は，当事者追行主義の観点からして，まずは，検察官及び弁護人間で連絡を取り合うなどしてその点に関する相手方の主張の有無及び内容について確認し（その結果を裁判所に報告することが必要な場合も考えられる。），相手方が公判で主張・立証する予定の事実に限って，その事実の存否や争い方を主張することを基本とすべきである。また，検察官及び弁護人間の連絡等で十分確認できなかった場合は，裁判所に求釈明を求め，相手方が公判で主張立証する予定の事実を確認した上で，その事実の存否や争い方を主張すべきである。裁判所は，先走った反論を放置すべきではない。裁判所は，証拠の内容を見ることができない以上，証明予定事実又は予定主張を基にして争点を整理するというスタンスが求められる。弁護人から証拠の内容に基づく先走った反論が提出された場合には，まずは，検察官に対し，弁護人が反論しようとする事実を主張立証するのかどうかを確認すべきであり，その主

---

98 模擬事例Ⅱにおいて，共犯者が平成24年12月5日に本件犯行の骨格を認める供述をするに至る事情としては，共犯者が自ら捜査官に「自供しなければならないことがある」旨の電報を送ったという経緯があったことについては，検察官のみが知っている事実である可能性が高く，そうであるならば，弁護人に対する不意打ちにならないように，あらかじめ，証明予定事実として明らかにする必要があるであろう。

99 後者の場面は第2フェイズの場面でも問題となる。

張が提出されたものに限って，弁護人に反論をさせるべきである[100]。

コラム2　直接証拠の種類と公判前整理手続の長期化の関係

1　目撃者の供述
(1)　目撃者の供述が直接証拠である場合の長期化原因

直接証拠型の長期化事例で，その直接証拠が目撃者の供述であるという事案における争点は，いずれも構成要件該当行為の有無（実行行為の有無又は事件性）であった[101]。

---

[100] 模擬事例Ⅱでは，弁護人は，予定主張記載書面2（別紙4）の第2の1及び2において，検察官が主張していないものの，証拠の中に存在している事実として，①「奥山神社のお守りとお札」の件と②「道路沿線の商店の着火型線香」の件を自ら指摘し，それに対する反論を主張している。検察官もまた，証明予定事実記載書3（別紙5）の第5において，弁護人が何ら具体的な主張をしていないのに，被告人が捜査段階で述べた内容（他の共犯者の可能性）を自ら指摘し，それに対する反論を主張している。

　裁判所が，弁護人の上記①及び②に関する主張を見た場合，①の「奥山神社のお守りとお札」の件については，奥山神社の所在地等から，補助事実に該当する事実が検察官の請求証拠あるいは開示証拠の中にあって，弁護人としては，間接反証型の積極的な事実の主張をしたいのであろうと推察し得ないではない。しかし，そもそも，検察官が，奥山神社のお守りとお札に関する間接事実的補助事実を主張していないにもかかわらず，弁護人が先回りをして，それに対する間接反証型の積極的な事実の主張をするのは，検察官が主張しない事実への不必要な反論立証となりかねないし，検察官がポイントを絞った立証をしようとすることへのアンチテーゼともなり，争点及び証拠の拡散につながるというほかない。検察官が証明予定事実として明示していないのであれば，立証を予定していないという理解をするというのが本来の公判前整理手続の在り方であろう。検察官がその事実に関する証拠請求を維持している場合には，弁護人は，まずは，検察官に，その点に関する間接事実的補助事実を主張するのかどうか，主張するのであれば，その具体的内容を簡潔に示すように求めるべきであって，その主張があった場合に初めて，それに対する争い方として，積極的な事実の主張をするべきである。

　また，②の「道路沿線の商店の着火型線香」の件については，そもそも，その事実がどのような意味を持つのか，裁判所には理解不能ではないかと思われる。

　検察官の「他の共犯者の可能性」への反論については，おそらく，被告人が捜査段階でそれらしきことを述べたのではないかと思われ，それに対する反論を先回りして行ったのではないかと考えられる。しかし，この点も，まずは，弁護人が，他の共犯者の可能性に関する具体的な事実の主張を公判でするのかどうかが確定されるべきであって，弁護人がそのような主張立証をしないにもかかわらず，検察官において，他の共犯者の可能性の不存在を積極的に主張立証すべき必要性は乏しいのではなかろうか。

[101] 研究員が検討対象とした事例に，被告人と犯人との同一性（犯人性）という争点に関して目撃者の供述が直接証拠となっているものがなかったのは，経験的に言えば，そのような事件が長期化しにくいということではなく，そもそもそのような事件が圧倒的に少ないことによるものと考えられる。目撃者と犯人が知り合いであるといったような特別の関係がない限り，犯行を目撃した者において初めて見た犯人を識別できることはまれであり，せいぜい，犯人の特徴の一部を認識し得るのが通常である。そして，目撃者の認識した犯人の特徴が被告人の特徴と共通している場合には，その事実が間接事実となることになる。なお，目撃者の供述が「被告人と犯人の同一性」に関して直接証拠となる場合の扱いについては，被害者の場合と共通すると考えられるので，注105で検討する。

また，これらの事例の長期化原因は，目撃者の供述に関連した整理に時間を要したことではなく，目撃者の供述の立証対象である「構成要件該当行為の有無」以外にも法律上の争点があって（例えば，殺害行為の有無以外に，正当防衛の成否や違法収集証拠という争点が併存している事例や，死因ないし暴行と死亡との因果関係が中心的争点の事例など），むしろ，それらの法律上の争点に関する具体的事実レベルの実質的争点及び証拠の整理に時間を要したことが原因であった。

(2) 純粋補助事実の取扱い－原則として整理の必要なし－

　　これらの事例では，目撃者の供述の信用性を左右する補助事実にまで及んで，争点及び証拠の整理がされているものはなかったし，補助事実を整理しなかったことが公判前整理手続の長期化につながったとうかがわれる状況もなかった。これは，純粋補助事実については原則として整理する必要がないことの証左でもある。

　　つまり，構成要件該当行為の有無という争点を立証対象とする直接証拠である目撃者の供述に関する補助事実の大半は純粋補助事実であり，そして，純粋補助事実の大半は，犯行時刻，明るさ，現場の見通し等であるから，請求証拠あるいは開示証拠等に基づき，検察官及び弁護人双方が共通認識を有しているのが一般的であり，相手方に対し，それをわざわざ取り上げて，反証の検討の機会を与える必要がない（純粋補助事実に関する証拠の多くは，客観的証拠として同意されることが見込まれる。)[102]。したがって，純粋補助事実については，原則として争点及び証拠の整理の対象とする必要はなく，それをしようとすると，かえって公判前整理手続が長期化することになると思われる[103]。

2 被害者の供述

(1) 被害者の供述が直接証拠である場合の長期化原因

　　直接証拠型の長期化事例で，その直接証拠が被害者の供述であるという事案の争点は，構成要件該当行為の有無（実行行為ないし事件性）であるもののほか，被告人と犯人の同一性であるものもあった。

　　争点が構成要件該当行為の有無となっている事例の長期化原因は，目撃者の供述と同様，被害者の供述に関連した整理に時間を要したというよりも，「構成要件該当行為の有無」以外の法律要件上の争点があり（例えば，被告人と犯人の同一性と

---

[102] また，目撃者の供述に特有の純粋補助事実（視力，目撃位置等）は，証人尋問の中で，尋問内容に応じて臨機応変に問われるべきものであり，公判前整理手続で整理するような事実ではない。

[103] もっとも，例外的に，純粋補助事実に関する証拠がねつ造されたと公判で主張することを予定している場合には，第3の4(2)の検察官又は弁護人の一方のみが把握している外在的な純粋補助事実（検察官が補充捜査で把握したもの，弁護人が独自調査で知ったものなど）と同様，相手方に反証の検討の機会を与える必要があるため，証明予定事実，予定主張として明示する必要があるというべきである。そのような事実が，公判でいきなり主張立証されると，相手方において，既に証拠決定をしているものとは別の反証をする必要が生じ，それにより当初の審理計画が崩れてしまう可能性があるからである。公判前整理手続で，そのような主張が明示されれば，相手方において反論や反証の請求をするなどして，争点及び証拠を整理すべきである。

いう争点があり，その争点に係る証拠構造が間接証拠型であるもの），その法律要件上の争点に関する具体的な事実レベルの実質的争点及びその争点を判断するために取り調べるべき証拠の確定に時間を要したり，多数の訴因があって，それらの進行管理が適切でなかったりしたことであった。

他方，争点が被告人と犯人の同一性となっている事例の長期化原因は，ある事例においては，検察官の証明予定事実の内容として，被害者が犯人を識別して特定したという事実（直接証拠部分）のほかに，被害者の供述とは別の証拠によって立証する予定のもので，被告人の犯人性を推認させる具体的事実（間接事実的補助事実）が記載されていたのに対し，弁護人は，これらの具体的事実に対して，積極的な事実（積極否認等）の主張をするなどしたことから，それらをも含めて争点及び証拠の整理がされているところ，この弁護人の積極的な事実の主張の立証準備に時間を要したほか，裁判所も，その争点整理に関する進行管理が適切でなかったことであった。もっとも，この事案では，争点及び証拠の整理の結果自体は分かりやすいものとなっており，これは，間接事実的補助事実の整理の必要性を示すものといえる[104]。

(2) 間接事実的補助事実の取扱い―整理の必要あり―

被害者の供述が「被告人と犯人の同一性」という争点の直接証拠となっている事例において，直接証拠としての信用性は否定されたものの，間接証拠型として改めて検討すると，要証事実が認定できる場合がある。間接証拠型の事例では，具体的事実レベルの実質的争点及びその争点を判断するために取り調べるべき証拠を確定すべきことは，第2の「間接証拠型における争点及び証拠の整理」で述べたとおりであり，直接証拠がある場合であっても，公判審理の結果によっては間接証拠型として検討する必要がある事例では，間接事実的補助事実の整理をしておく必要がある。したがって，証拠の性質上，虚偽供述のおそれや誤りの混入するおそれが類型的に高い証拠が直接証拠となっている事例では，直接証拠とは別の証拠に由来する間接事実的補助事実を争点及び証拠の整理の対象とすべきである[105]。

---

[104] この事件の公判審理において，被害者は，犯人は被告人に間違いない旨を供述したが，判決は，識別供述としての信用性は否定しつつ，被告人と犯人の身体的特徴の一致という間接事実の限度でその信用性を肯定し，被告人の犯人性を推認させる具体的間接事実と合わせて総合考慮した結果，被告人が犯人であることを肯定した。

[105] 研究員が検討対象とした事例の中に，「被告人と犯人の同一性」という争点に関して目撃者の供述が直接証拠となっているものがなかったのは，識別の困難性のため，目撃者の供述によって犯人を識別することができたという事件が限りなく少ないためであると考えられる。逆に言えば，目撃者が犯人は被告人であると識別できたと供述するのであれば，本当に識別できたのかどうかを慎重に検討する必要があり，その際，被告人の犯人性を推認させる間接事実的補助事実が重要性を持つ可能性がある。

コラム3　検察官の主張事実が認定できない場合を想定した争点整理の要否

1　問題状況

　弁護人が，検察官主張の共謀を推認させる事実を争う場合において，その一部が認められなくても，なお，別の共犯類型が成立する可能性があるとき，弁護人によっては，検察官に対し，当該事実が認められないと仮定した場合の検察官の法律的主張を明らかにするように求めることがある。特に共謀の成否が争われる事案では，共犯の類型や共謀の種類をめぐって論争になりがちな傾向がみられる[106]。

　弁護人が検察官に対し，事前共謀か現場共謀か，実行共同正犯か共謀共同正犯か，などについて求釈明を求めたり，共同正犯が成立しない場合には幇助の主張をするのかどうかを明らかにするように要求したりしている事例が複数あった。それらの事例では，裁判所が求釈明をするかどうかについて主体的に判断を示さなかったため，模擬事例と同様に，この求釈明が公判前整理手続の長期化要因になっていた。

　そこで，検察官の主張事実が認定できない場合を想定した争点整理をする必要があるかどうかについて，以下，検討する。

2　予備的訴因変更又は予備的主張に関する一般論

　予備的主張に関する一般論としては，検察官は，予備的訴因変更や予備的主張をするかどうかを裁量で決めることができるが，予備的訴因変更や予備的主張を立証するために新たな証拠調べが必要となる場合には，公判前整理手続でそれを明示しておかないと，公判段階では，「やむを得ない事由」（刑訴法316条の32第1項）が認められずに，立証が制限されるおそれがある。逆に，検察官の主張事実の一部が認められない場合に成立し得る犯罪が縮小認定の関係にある場合や，犯罪が成立するための要件となる事実が全て攻撃防御の対象となっていて，主張立証が尽くされている場合には，新たな証拠調べを要しないから，検察官は，公判段階で，元の訴因とは異なる犯罪事実の主張をすることは許されるし，審理の経過に照らせば，仮にその主張がなくても，裁判所が元の訴因とは異なる犯罪事実を認定することが許される場合もあると考えられる。

3　事前共謀と現場共謀との関係

　共謀の成否が法律要件上の争点となる場合についてみると，事前共謀と現場共謀との関係については，「共謀」の意義に関し，二人以上の者の間で，特定の犯罪を自分たちの犯罪として一緒に行おうという内心の意思が合致していることをいうと解する

---

[106] 模擬事例Ⅱでは，検察官が被告人による実行行為の分担の事実を主張しているのに対し，弁護人は，実行行為を分担していない旨主張するとともに，検察官に対し，仮に被告人による実行行為の分担が認められない場合であっても，被告人が共犯であると主張するのか，仮に共犯であると主張するのであれば，いずれの犯罪に対し，どのような共犯類型（共謀共同正犯，幇助）が成立すると主張するのかを明らかにするように要求し続け，裁判所もあいまいな姿勢に終始したため，その処理に，1か月以上の日数がかかっている。

立場では，そのような内心の意思の合致は，犯行時に存在すれば足りるから，事前共謀と現場共謀との間には基本的な差異がない。すなわち，犯罪の構成要件としてみると，いずれも，法律上の争点は，「犯行時に，内心の意思が合致していたか」という点であって，ただ，事前共謀は，共犯性を推認させる事実のうち，「被告人と共犯者との意思連絡状況」に関する事実に着目すると，事前に共謀が成立したといえるだけの事実が存在している場合である，と理解すれば足りる。したがって，検察官としては，法律上の主張として，事前共謀か現場共謀かを特定する必要はないと考えられる。

また，検察官が事前共謀であると主張した場合であっても，「被告人と共犯者との意思連絡状況」に関する事実のほか，「被告人と共犯者との役割分担状況」や「犯行の目的・利益と各自への利益帰属状況」に関する事実が証明予定事実として明示されている限り，公判において，事前共謀を認めるに足るだけの事実を立証できなくとも，公判で立証されたその他の事情に基づいて，現場共謀を認定することが許されることになると考えられる。そうであるとすると，公判前整理手続において，事前共謀か現場共謀かを求釈明する必要はないし，事前共謀が成立しないとすれば現場共謀を主張するかどうかについても求釈明する必要はない。重要なのは，検察官において，「被告人と共犯者との意思連絡状況」，「被告人と共犯者との役割分担状況」，「犯行の目的・利益と各自への利益帰属状況」に関する具体的事実を明示し，弁護人において，そのうちの争う事実とその争い方を明示することであり，それによって，この問題は基本的に解決されるのではないかと思われる。

4 実行共同正犯と共謀共同正犯との関係

実行共同正犯と共謀共同正犯は，実行行為の分担があるかどうかという点で違いがあるが，証明予定事実から検察官が実行行為の分担があったことを立証するかどうかは明確であるのが通常であり，公判前整理手続において，特に実行共同正犯か共謀共同正犯かを求釈明する必要はないであろう。また，検察官は，実行行為の分担がある場合であっても，「被告人と共犯者との意思連絡状況」に関する事実は当然に主張するであろうし，「犯行の目的・利益と各自への利益帰属状況」に関する事実も主張するのが通常であろう。それらの主張がされている限り，実行共同正犯と共謀共同正犯とは，主張レベルでは，「被告人と共犯者との役割分担状況」に関し，実行行為の分担があるかどうかの違いにすぎないということになる。そうすると，検察官が被告人による実行行為の分担を主張したものの，公判でそれが認定できない場合に，裁判所は，検察官が主張立証した「被告人と共犯者との役割分担状況」に関する他の事実のほか，「被告人と共犯者との意思連絡状況」や「犯行の目的・利益と各自への利益帰属状況」に関する事実に基づき，共謀共同正犯を認定することは許されると考えられる。そうであるとすると，公判前整理手続において，実行共同正犯が成立しないとすれば共謀共同正犯を主張するかどうかという点を求釈明する必要はないと考えられる。重要なのは，検察官においては，「被告人と共犯者との意思連絡状況」，「被告人と共犯者との役割分担状況」，「犯行の目的・利益と各自への利益帰属状況」に関する

具体的事実を明示し，弁護人において，そのうち争う事実とその争い方を明示することであり，それによって，この問題は基本的に解決されるのではないかと思われる。

5 共同正犯と幇助・教唆との関係

共同正犯と幇助又は教唆については，縮小認定の関係にあると考えれば，公判前整理手続において，共同正犯が成立しないとすれば幇助又は教唆を主張するかどうかについて，求釈明をする必要がないことになる。縮小認定の関係にはないと考えた場合でも，検察官が，共同正犯を推認させる事情として，「被告人と共犯者との意思連絡状況」に関する事実のほか，「被告人と共犯者との役割分担状況」や「犯行の目的・利益と各自への利益帰属状況」に関する事実を証明予定事実として明示している限り，裁判所は，そのうちの一部の事実に基づき，幇助犯ないし教唆犯を認定することは許されることになると思われる。そうであるとすると，公判前整理手続において，共同正犯が成立しないとすれば幇助犯又は教唆犯を主張するかどうかについて，求釈明する必要はないと考えられる。これについても，検察官においては，「被告人と共犯者との意思連絡状況」，「被告人と共犯者との役割分担状況」，「犯行の目的・利益と各自への利益帰属状況」に関する具体的事実を明示し，弁護人において，そのうち争う事実とその争い方を明示すれば，この問題は基本的に解決されるのではないかと思われる。

コラム4　起訴後の補充捜査の取扱い

直接証拠（共犯者供述）型では，起訴後に，共犯者が供述を拒否する見込みとなったり，捜査段階で黙秘していた被告人が共犯者の供述に真っ向から対立する供述をする可能性が生じたりして，間接事実的補助事実となる裏付け証拠の内容の重要性が見直され，起訴後の補充捜査の問題が生じることがある。起訴後の補充捜査に対しては，それ自体に時間を要するのみならず，補充捜査に基づく立証の許容性や必要性について紛議となることが多い[107]。そうなると，公判前整理手続はおのずから長期化する。公判前整理手続の途中における補充捜査は，どのような場合にどの範囲で許容されるのかを考えておく必要がある。

公判前整理手続段階における補充捜査は，補充捜査の結果得られる証拠の重要性やそれにかかる時間との関係で，必要性が肯定される場合に限って許されるべきであろう。

例えば，弁護人から，検察官の手持ち証拠からは想定できないような新たな主張が

---

[107] 模擬事例Ⅱでは，検察官が，平成26年7月24日の段階になって，補充捜査，裏付け捜査の再検討が必要になったとして，追加の証明予定事実記載書の期限の延期を求め，裁判所も，弁護人が反対しているにもかかわらず，特に検察官に対して補充捜査の内容やその必要性を確認することなく，これを許容しているため，公判前整理手続の長期化につながっている。

提出され，検察官において，その主張事実の存否を確認する必要がある場合には，充実した公判の審理を目的とする公判前整理手続の趣旨からして，補充捜査が許容されるのは明らかであろう。他方，弁護人が請求した証人がどのような供述をするかが判然とせず，もしかすると，裁判所が証人として採用すると思われると憶測し，あらかじめ検察官がその供述内容を具体的に知っておきたいと考えたような場合（模擬事例はその可能性が高いように思われる。）には，まずは，弁護人に具体的な供述予定要旨記載書面（刑訴法316条の18第2号）の提出を求めるべきであろう。また，補充捜査をする対象が不明確である場合（探索的補充捜査）や補充捜査に相当に期間を要する場合のほか，補充捜査をしても，そこで得られる事実が重要な間接事実的補助事実とはいえない可能性が高い場合（価値の乏しい裏付けに関する補充捜査）などでは，既に起訴がなされ，公判の準備をしている公判前整理手続の段階である以上，その補充捜査を許容すべきではないと思われる。

　いずれにせよ，裁判所は，検察官が補充捜査の必要性を理由に自らの予定主張が遅延する旨を申し出た場合には，どのような事項についてどのような補充捜査を予定しているのかを確認し，補充捜査の必要性を判断した上で，対応を決めるべきであろう。

模擬事例Ⅱ－直接証拠（共犯者供述）型

注）模擬事例は，長期化事例のうち，直接証拠（共犯者供述）型の否認事件において法曹三者それぞれに見られる不適切な対応を参考に，架空の事例を作成したものである。したがって，模擬事例は意図的に問題の多い設定となっており，これが現在の実務のスタンダードでないことに注意されたい。

【起訴状・平成25年1月11日付け（死体遺棄）】

被告人：甲山一郎（昭和49年9月●日生）

公訴事実の要旨：

　　被告人は，乙川次郎と共謀の上，平成24年7月4日頃，A県a郡奥山町字山端●●番地所在の奥山鉱山跡地内において，丙田三郎（当時78歳）の死体を，同敷地内にある採掘抗跡の穴の中に投棄し，もって死体を遺棄した。

【追起訴状・平成25年3月8日付け（殺人）】

公訴事実の要旨：

　　被告人は，乙川次郎と共謀の上，平成24年7月2日午前6時30分頃，北海道B市涼里●●番地の丙田三郎（当時78歳）の別荘において，同人に対し，殺意を持って，その頸部にロープを巻き付け，その両端を持って強く引き，よって，その頃，同所において，同人を窒息死させて殺害した。

【第1フェイズ・第2フェイズ】

平成25年1月11日：本起訴（死体遺棄）

　　　　1月21日：検察官から裁判所へ連絡

　　　　　　　　「殺人による追起訴を予定しているので，追起訴後に両事件を公判前整理手続に付していただきたい。本起訴事件，追起訴事件は密接に関連しているため，証明予定事実記載書は，追起訴後に合わせて提出する予定である。」

　　　　　　　：裁→弁護人へ意向確認「追起訴後に対応を検討する。」

　　　　3月8日：追起訴（殺人）

　　　　3月11日：本起訴事件・追起訴事件につき，公判前に付する決定等

　　　　3月29日：**証明予定事実記載書1**（別紙1。いわゆる物語式）

　　　　4月3日：第1回打合せ

　　　　　　弁「共犯者との共謀，殺人・死体遺棄の故意，殺人の実行行為への関与，死体遺棄への関与については，いずれも争う予定である。」

　　　　　　弁「共犯者とは別で審理していただきたい。」

　　　　　　検「証拠が共通しており，併合審理を希望する。」

裁「弁護人の争点の見込みからすると，共犯者の供述の信用性が正面から争いになると思われるので，さしあたり，分離したまま進める。」
5月28日：第2回打合せ
　弁「共犯者乙川が実行行為をしたことは争わない予定である。」
　検「本日，類型証拠開示請求があったので，検討して，開示対象となるものは速やかに開示する。」
7月30日：第3回打合せ
　検「共犯者乙川の証言の信用性が罪体立証の中心となり，それ以外の事情のみでの立証は難しいと考えている。」
　裁「来年の3月第1週及び第2週に公判期日を予定したいので，スケジュールを空けておいてほしい。」
　検・弁「了解した。それに向けて準備をする。」
　弁「9月13日までに予定主張記載書面を提出する。」
8月26日：第4回打合せ
　弁：検の証拠への意見→同意，不同意の趣旨の確認等
9月13日：**予定主張記載書面1**（別紙2。いわゆる物語式）
　　　　弁の証拠請求（現場から被告人のDNAが発見されなかったことに関する書証（開示証拠），青木梅子，ペンションのオーナー夫婦，カーフェリーで被告人らを見かけた第三者等の証人等）
9月17日：第1回公判前整理手続～今後の進行の打合せ
　検「弁護人の主張を踏まえ，証明予定事実記載書の補充を提出する。補助事実の整理を伴うため，ある程度の時間をいただきたい。」
　裁「できる限り早急に行っていただきたい。」
9月24日：第5回打合せ～今後の進行予定の確認等
10月22日：第6回打合せ
　検：乙川，青木，南森の証人請求
　弁「今後もA県や北海道で調査するなどした上で追加の主張や証拠請求を行う予定である。現在予定している来年3月の審理期間に間に合うかどうかを来週末までに裁判所に連絡する。」
　裁「何とか間に合うように準備していただきたい。」
12月6日：**証明予定事実記載書2**（別紙3。証拠構造（補助事実）型）

【第3フェイズ】
12月16日：第2回公判前整理手続
　弁「A県及び北海道で調査を行うなどして乙川供述の弾劾の準備中であり，平成26年1月末までに，予定主張と証拠請求の追加を行う。」
　裁「それでは，検察官は，弁護人から追加の予定主張等が出た場合には2

　　　　　　　月21日までに反論の証明予定事実記載書等を提出されたい。」
　　　　検「了解した。」
平成26年2月3日：**予定主張記載書面2**（別紙4。部分的補充型）
　　　　　　　　証拠請求（捜査官（立証趣旨：捜査の進捗状況），内妻（立証
　　　　　　　　趣旨：捜査の進捗状況に応じた被告人の様子等）等の証人）
　　　3月10日：第3回公判前整理手続
　　　　争点の確認
　　　　裁「死体遺棄については，弁護人が被告人以外の者が共犯者である可能性
　　　　　が否定できないと主張しているので，検察官は，①共犯者がいること
　　　　　のほか，②その共犯者が被告人以外に考えられないことを主張立証し
　　　　　なければならないと思われる。他方，殺人については，被告人と乙川
　　　　　の共犯か，それとも乙川の単独犯が主な争点になると理解してよいか。」
　　　　検・弁「そのとおりである。」
　　　　証拠の整理
　　　　検「弁護人との間で証拠意見の調整を行い，その結果を踏まえた統合捜査
　　　　　報告書を次回までに請求する。」
　　　　弁「弁護人の請求証拠についても，検察官と協議をし，可能な限り，統合
　　　　　した証拠を請求し直す。また，これまでに請求した証人については，
　　　　　主尋問時間，尋問事項等を記載した書面を3月31日までに提出する。」
　　　4月28日：第4回公判前整理手続
　　　　証拠の整理
　　　　弁「検察官の証拠の統合化に当たり，弁護人の要望を伝えるのを失念した。
　　　　　5月9日までに伝える。また，弁の証拠の統合化は，同月16日までに
　　　　　できる限り行う。」
　　　5月19日：第5回公判前整理手続
　　　　証拠の整理
　　　　検「統合証拠を整理しており，おって証拠請求する。」
　　　　主張の整理
　　　　裁「検察官は，8月19日までに証拠構造型の証明予定事実記載書を提出さ
　　　　　れたい。弁護人は，9月9日までに検察官の主張を踏まえた予定主張
　　　　　記載書面を提出されたい。」
　　　6月9日：第6回公判前整理手続
　　　　検「統合証拠案を弁護人に提示した。次回期日までに最終合意ができる。」
　　　　今後の予定
　　　　検・弁「7月19日から21日までの3連休を利用して，検察官，弁護人によ
　　　　　る北海道在住の証人予定者のテストと，検察官による現地調査を
　　　　　行う。」

6月27日：第7回公判前整理手続
　証拠の整理
　「統合証拠は若干の修正を行っている。」
　今後の進行
　検・弁「北海道在住の証人テストの調整は順調に進んでいる。」
7月24日：第8回公判前整理手続
　検「補充捜査，裏付け捜査の再検討が必要になったことから，証明予定事実の提出期限を8月19日から10月31日に変更していただきたい。」
　弁「異議がある。これまでの公判前整理手続の進捗状況によれば，検察官は必要な準備をしてきたにもかかわらず，弁から乙川供述の弾劾のポイントを指摘されると，捜査の詰めの甘さを感じ，補充捜査を希望しているものの，そのようなことを起訴後1年半も経過した段階で許すとなると，弁護人のこれまでの活動を無意味にし，再検討を迫られることになる。このようなことは，被告人の防御権を著しく侵害するものであり，許されない。」
　裁「検察官は，10月31日までに新たな証明予定事実記載書を提出されたい。弁護人は，11月28日までに反論の予定主張記載書面を提出されたい。」
9月12日：第9回公判前整理手続～証人請求の見込み等について
　検「ペンションのオーナー夫婦を証人請求するのは困難である。」
　弁「青木梅子は双方申請となる予定である。」等
11月28日：第10回公判前整理手続
　検「補充捜査は終了したが，乙川が公判では被告人の関与を供述しない可能性が高くなってきたため，証明予定事実記載書が提出できていない。立証の中心は乙川の捜査段階の供述となるので，その信用性を供述経過等の観点から分かりやすく整理した書面を近日中に提出する予定である。」
　「統合化はまもなく完了する予定である。」
　裁「他の証拠との整合性など，主張可能な部分から早急に提出されたい。」
　「検察官，弁護人は，12月8日までに書証及び人証の請求をすること。」
12月12日：第11回公判前整理手続～書証，人証の意見交換
12月22日：**証明予定事実記載書3（別紙5。供述の信用性に関するもの）**
12月26日：第12回公判前整理手続～証拠の整理等
平成27年1月13日：**予定主張記載書面3（別紙6。供述の信用性に関するもの）**
　　　　　　　弁護人の求釈明申出書
　　　　　「弁護人は，被告人が殺人及び死体遺棄の実行行為を分担したことを争っているが，検察官は，被告人による実行行為の分担が認められない場合であっても，被告人が共犯であると主

張するのか。仮に共犯であると主張するのであれば，いずれの犯罪に対し，どのような共犯類型（共謀共同正犯，幇助）が成立すると主張するのか。」

1月20日：第13回公判前整理手続

　検「求釈明申出書に対しては，書面で回答したい。」

　裁「検察官は，2月3日までに回答されたい。」

　検「承知した。」

2月3日：検の釈明書「釈明の要なし。」

2月17日：第14回公判前整理手続

　弁「検察官が，被告人が実行行為をしていなくても犯罪が成立すると考えているのであれば，弁護人は，それに対する防御をする必要がある。検察官は，求釈明に応じるべきである。」

　検「検察官は，被告人の実行行為を立証する予定であり，前提を異にする。求釈明の必要性がない。」

　弁「検察官が主張を明らかにしないことは，弁護人の防御を困難にするものであり，弁護権の侵害と言わざるを得ない。重ねて，求釈明を求める。」

　裁「検察官は，弁護人の立場を考えて，再検討されたい。」

2月24日：検察官の釈明書

　「仮定の話を前提にした求釈明には応じられない。」

　（以下の手続は省略）

（別紙１）

証明予定事実記載書１

第１　被告人と共犯者乙川次郎との関係

1　被告人と乙川次郎は，A県【※関東地区】で生まれ，少年時から交友があり，いずれもマフィアに憧れを持ち，将来，闇組織を作り上げ，巨額の利益を稼ぎたいと話し合うなどしていた。乙川は，高校卒業後，暴力団組織と関わり，26歳頃から「乙川興業」を設立し，キャバクラ店等の経営をするようになった。

　被告人は，平成10年頃から乙川との付き合いが途絶えていたが，平成24年１月頃，かつての勤務先の同僚である東岡史郎と会った際，東岡が乙川の行っているキャバクラ店や闇金融等の仕事を手伝うなどしていることを知った。被告人は，乙川がマフィア的な活動をしていることを聞いて羨ましくなり，東岡を通じて，乙川との付き合いを再開させ，その後，東岡とともに，乙川の行っていた事業の仕事を手伝うようになった。その後，乙川は，事業の手伝いをさせていた東岡や被告人に対し，しばしば，「金のためなら，何でもできてこそ，我々の業界を生き抜く道だ」などと声を掛けていた。

【以上について，乙川次郎の検察官調書，東岡史郎の警察官調書，被告人の身上調書】

2　被告人は，平成23年夏頃，知人である西村吾郎からセダンタイプの外国製自動車「XYZ」を譲り受け，各犯行当時までこれを使用していたが，乙川との交際が再開して以来，乙川の依頼により，たびたび乙川に対し，「XYZ」を貸すことがあった。

【以上について，乙川次郎の検察官調書，西村吾郎の警察官調書】

第２　犯行に至る経緯

1　乙川が被害者である丙田三郎を知った経緯

　乙川は，平成24年２月３日，詐欺未遂により逮捕され，北海道Ｂ中央警察署に留置された。乙川は，同署に留置中，同房となった北里六郎から，被害者の丙田三郎が，Ｂ市内に広大な土地を有する資産家であるが，認知症になっており，一，二回，投資名目で詐欺被害を受けたことがあるらしいとの話を聞いた。乙川は，その情報を聞き付け，将来，被害者に接触して儲け話を持ち掛け，被害者から多額の金を引き出そうと考えた。

【以上について，乙川次郎の検察官調書，北里六郎の検察官調書】

2　乙川が被害者である丙田三郎に接触した経緯

(1)　乙川が被害者に対し，直接に会ってうその話を持ち掛けようと考え，同年６月10日，Ａ県の駅前レンタリースでレンタカーを借り，東岡とともにＢ市に向かった。

　乙川は，その際，うまく言葉で騙せなかった場合には，被害者を脅して金を出させることもあり得ると考え，Ｂ市に向かう途中の同月11日，Ｃ県【※東北地区】ｃ市内のホームセンターに立ち寄り，文化包丁，サバイバルナイフ，軍手等を購入した。

【以上について，乙川次郎の検察官調書，南森七郎の検察官調書（立証趣旨：犯行

後に乙川から犯行を告白された状況等），包丁・ナイフ等の購入状況に関する捜査報告書】

(2) 乙川は東岡とともに，同月12日，フェリーで北海道に渡り，B市涼里にある被害者の別荘に行き，被害者と面会した。

乙川は，その際，被害者に対し，表紙に廃棄物処理場建設計画（極秘）と記載された書面や登記事項証明書を示しながら，「丙田さんの持っているX地区の土地の近くに，まもなく，廃棄物処理場が建設されるという計画がひそかに進んでいます。廃棄物処理場建設計画が発表されると，土地の価格は十分の一に暴落してしまいます。今のうちであれば，私どもの会社において，丙田さんの土地を高額で転売することができます」などと言葉巧みに説明した。被害者は，乙川の話を信用し，乙川に各土地の転売を依頼することとし，数日後に，各土地の権利証を交付する旨を約束した。

【以上につき，乙川次郎の検察官調書，赤野竹男の検察官調書（立証趣旨：乙川次郎が6月中旬頃に丙田の別荘を訪問し，丙田と話をした状況），青木梅子の検察官調書（立証趣旨：乙川が被害者に接触していた際の状況）】

(3) 乙川は，同月16日，被害者の土地の権利証を受け取るため，B市内の飲食店で被害者と会ったが，被害者は権利証を持参していなかった。乙川は，翌17日，被害者の別荘を訪問したが，家政婦の青木梅子から，被害者が知人に会うために外出中である旨を聞いた。

乙川は，被害者が自分の話に疑いを持ち始め，誰かに相談しているのではないかと思うようになり，もしそうであれば，被害者を脅して土地の権利証を奪うことのほか，被害者をひそかに殺害した上，被害者がいつの間にか失踪したかのように装うことなどを考えるようになった。

【以上について，乙川次郎の検察官調書，青木梅子の検察官調書（立証趣旨：乙川が被害者に接触していた際の状況）】

3 被告人の関与状況

(1) 乙川は，同年6月下旬頃，再び被害者に接触するため，北海道に向かうこととしたが，東岡が体調を崩していたことから，東岡を誘わず，被告人を誘うこととした。乙川は，その頃，被告人に対し，どんな無理をしてでも回収しなければならない債権があるなどと説明して，北海道行きの話を持ち掛けるとともに，けん銃，サバイバルナイフ，ロープといった凶器のほか，軍手，マスクを準備するように伝えた。被告人は，鉄砲玉にならざるを得ないかもしれないと思いつつ，債権回収のために北海道に行くことを承諾した。被告人は，同月28日頃，自らホームセンターで軍手，マスクを購入したが，適当な凶器がなかったため，東岡にけん銃ないしサバイバルナイフの入手可能性を尋ねたものの，不可能である旨言われたことから，知人の白石松吉に対し，ロープを入手したいなどと依頼し，間もなく，白石からロープを受け取った。被告人は，同月29日頃，これらを入れたカバンを持ち，「XYZ」に乗って，

乙川とともに北海道へ出発した。

　他方，乙川は，自分のリュックサックの中に，以前に購入した文化包丁，ナイフ，軍手等を入れ，「XYZ」の後部座席に載せた。

【以上について，軍手・マスクの入手経過報告書，乙川次郎の検察官調書，白石松吉の検察官調書，南森七郎の検察官調書（立証趣旨：犯行後に乙川から犯行を告白された状況等），東岡史郎の警察官調書，被告人の検察官調書】

(2)　乙川は，前記第2の2(3)のとおり，場合によっては，被害者をひそかに殺害した上，被害者がいつの間にか失踪したかのように装う必要があると考え，被害者の遺体を入れるための大型スーツケースを購入しておこうと考えた。乙川は，同月30日頃，北海道に行く途中のD県【※東北地区】内において，被告人に対し，かばん屋に立ち寄って，大型スーツケースを購入するように指示すると，被告人は，かばん店において，人が入ることができるくらいの大きさのスーツケースとして，黒色大型スーツケースを購入した。

【以上について，スーツケースの購入裏付け報告書・捜索差押調書・写真撮影報告書，かばん店店員の警察官調書，乙川次郎の検察官調書】

(3)　乙川は，その後，北海道に向かっている途中の車内において，被告人に対し，会社の社長である被害者から債権を回収する旨を告げた上，「強情な爺さんだから，場合によっては手荒なまねをしなければならないかもしれないから」「いざとなれば最後の手段だよ。マフィアのよくやるアレだよ」「爺さんは認知症だから，これまでも何度か失踪することがあったから」「今回，爺さんが突然いなくなっても，誰も不思議に思わないから」「そのときに，大型スーツケースが役立つんだよ」などと，状況次第では被害者を殺害することもある旨を伝え，被告人も暗黙のうちにこれを了解した。

【以上について，乙川次郎の検察官調書】

第3　B市において被害者を殺害した状況等

1　平成24年7月1日の行動

　被告人と乙川は，同年7月1日早朝，「XYZ」ごとカーフェリーに乗船して北海道に渡った。同日午後1時30分頃，被告人と乙川は，B市内の喫茶店で被害者と会い，同日夕方に被害者の別荘で土地の権利証や実印，印鑑登録証明書を受け取る約束をした。

　その後，被告人と乙川は，同日午後5時30分頃，別荘近くにあるペンションの宿泊手続をした。

　乙川は，同日午後7時30分頃，一人で被害者の別荘に行き，被害者と会ったが，その際，被害者は，土地の権利証は用意していたものの，それ以外の実印や印鑑登録証明書を用意しておらず，どこかにあるけど分からないなどと説明した。乙川は，被害者が自分のことを疑っているのではないかとの疑いを深めつつ，被害者に対し，翌朝もう一度別荘を訪れるので，探しておいてほしいと伝えて別荘を後にした。

午前6時30分頃、「XYZ」に乗って被害者の別荘を

を探したかどうかを確認したところ、被害者が「探
いたことから、被害者に対する怒りを募らせるとと
しまうと考え、被害者の殺害を決意した。
ットから取り出したサバイバルナイフを突きつけて
、「お前の凶器を持ってこい」などと言って、あら
の車内から持って来させた。乙川は、更に被告人
の、被告人が躊躇っていたことから、自らそのロー
の首にロープを巻き、周回させた上で、その両端を
がこちらを引っ張れ」と言って、その一端を被告人
川がそれぞれその一方を持って引っ張り続け、その
死させた。
現場の特定に関する実況見分調書、犯行再現実況見
見分調書、解剖立会報告書、被害者の失踪経緯報告
書、乙川次郎の検察官調書】

第4 死体遺棄の状況
 1 死体を運んだ状況
  乙川は、被害者が死亡したことを確認すると、被害者が失踪したかのように装うため、被害者の遺体をスーツケースで運び出そうと考えた。乙川は、被告人に指示して、スーツケースを「XYZ」の車内から持ってこさせ、被害者の遺体をそのスーツケース内に詰め込んだ。乙川と被告人は、そのスーツケースを持ち上げて、別荘前に止めていた「XYZ」まで運び、スーツケースごと、「XYZ」の後部トランクに載せた。
  そして、被告人と乙川は、「XYZ」を発進させて、別荘を後にし、フェリーを使うなどして、同年7月3日午後2時頃、A県内の乙川の自宅に戻ってきた。
  【以上について、被害者の失踪経緯報告書、乙川次郎の検察官調書】
 2 被告人と乙川は、乙川の自宅で、被害者の遺体の処理を話し合ったが、被告人がA県北西部方面に土地鑑があったことなどから、同方面の山中に穴を掘って被害者の遺体を埋めることに決め、被害者の遺体を後部トランク内に載せたまま、「XYZ」で北西部方面に向かった。
  その途中、被告人と乙川は、ホームセンターでスコップを購入したほか、被告人が被害者の遺体を処分する際に履く靴や懐中電灯等を購入した。
  被告人と乙川は、A県県内地図を見ながら、A県北西部方面で、被害者の遺体を埋めるのに適した場所を探したが、適当な場所を見つけることができず、結局、その日は、乙川の自宅に引き返し、その夜は二人で乙川の自宅に宿泊した。

【以上について，「XYZ」車内から発見され〔た〕…書，懐中電灯の購入先裏付け報告書，スコッ〔プの〕購入先の特定に関する捜査報告書，犯行使用〔…〕が採取されたことに関する指紋等採取報告書〔，…検〕察官調書】

3 乙川は，自宅に引き返した後，インターネ〔ット〕に適した場所を検索し，その際，A県ａ郡奥〔…〕山鉱山の跡地があり，多数の採掘抗跡がある〔…〕。

【以上について，乙川次郎の検察官調書】

4 被告人と乙川は，同年7月4日午前9時頃，〔…〕被告人と乙川は，その途中，A県ａ郡内のガ〔ソリンスタンドで…〕山の跡地に到着すると，「XYZ」のトランク内〔からスーツケー〕スを取り出し，二人がかりでこれを持ち上げて〔…鉱山〕の柵の向こう側（鉱山敷地側）に落とし入れ，続いて，自分たちもその柵を乗り越えて敷地内に立ち入った。

被告人と乙川は，スーツケースを二人で持ちながら，約15メートルほど奥へと進んだものの，重さに耐えかねて，いったん降ろした。すると，付近に台車が放置されていたため，スーツケースをその台車に乗せ，さらに約200メートル進んだところ，入り口部分に約120キログラムの金属製鉄板が乗せられた竪穴の採掘抗跡を見つけた。

被告人と乙川は，二人で金属鉄板を動かし，採掘抗跡を覗き込むと，かなり深くまで掘られているように思われたことから，被害者の遺体をここに遺棄することを決めた。被告人と乙川は，二人で台車の上に置かれたスーツケースを持ち上げ，そのスーツケースごと，採掘抗跡に被害者の遺体を投げ捨てた。そして，被告人と乙川は，二人で採掘抗の入口に，金属製鉄板のふたを元通りに閉めた。

【以上について，死体遺棄現場の検証調書，台車の捜索差押調書，台車の写真撮影報告書，死体遺棄状況に関する再現実況見分調書，スーツケースの捜索差押調書，スーツケース内部見分報告書，ガソリンスタンド店員の検察官調書（立証趣旨：被告人と乙川がガソリンスタンドに立ち寄った状況），黒谷桜子の警察官調書（立証趣旨：平成24年7月上旬に採掘抗入口付近で二人乗りの「XYZ」を目撃したこと），乙川次郎の検察官調書】

第5 犯行後の状況

1 被告人と乙川は，同年7月4日午後1時30分頃，乙川の自宅近所のガソリンスタンドで「XYZ」の車内を清掃した。

【以上について，乙川次郎の検察官調書】

2 その後，被告人と乙川は，「XYZ」のトランク内のサイドマット，フロアマット等を全て剥がして投棄した上，洗浄剤を用いてトランク内を洗浄した。

【以上について，「XYZ」の検証調書，写真撮影報告書，西村吾郎の警察官調書（立

証趣旨・「XYZ」が実質的には被告人所有であること）、
剤の付着が認められたことに関する鑑定嘱託書・鑑定書】

3　被告人と乙川は、同年7月5日夜、飲食店で両名の知人で
その際、乙川は南森に対し、被害者を死亡させてしまった旨
甲山くんを巻き込んじゃったんだよね」「一人じゃできなかっ
【以上について、南森七郎の検察官調書】

第6　その他情状等

（別紙２）

予定主張記載書面１

第１　被告人と乙川の関係
　１　被告人は，高校時代までＡ県で育ち，中学の頃，乙川次郎と知り合った。乙川は，不良仲間のボス的な存在であり，被告人は乙川に恐怖感を持っていたため，やむを得ず，乙川と一定の交友関係を持っていた。乙川は，当時から，日本の暴力団のほか，香港マフィア，中国黒社会等に興味を持ち，周囲の人間にあれこれ話をしていたが，被告人には関心のないことばかりで，相づちを打ちながら聞き流すような対応をしていた。
　２　被告人は，高校卒業後，次第に乙川との付き合いが途絶えたが，平成24年１月頃，たまたま繁華街を歩いていたところ，コンビニエンスストアでバイトをしていた際の同僚である東岡史郎と会い，喫茶店で近況等を報告し合った。被告人は，東岡に対し，無職で職を探している旨を伝えると，東岡から，自分は乙川の行っている飲食店や金融関係の仕事をしているので，一緒にやらないかと誘われた。被告人は，東岡がたまたま乙川の下で働いているのを聞いて驚いたが，少しでも収入が得られるのであればと思い，東岡に対し，乙川に頼んでみてほしいと依頼した。
　３　被告人は，その翌日，乙川から電話をもらい，自分の下で働いたらいいと言われ，それ以降，乙川の指示に従って，書類を第三者に運んだり，女性従業員を送迎したりするなど，使い走り的な仕事をするようになった。しかし，被告人は，乙川の事業について，金融関係や飲食関係であるという程度の認識しかなかった。

第２　殺人事件関係について
　１　被告人は，被害者である丙田のことは全く知らなかったし，乙川と東岡が平成24年６月中旬に丙田の別荘を訪問したことも，本件で逮捕されるまで全く知らなかった。本件の関係で，東岡から何らかの事情を聞いたこともないし，東岡に何かを尋ねたこともなかった。
　２　被告人は，同年６月下旬頃，乙川から，北海道の大金持ちの老人との間で契約をすることになり，あとは行くだけになっているから，「XYZ」を運転して，一緒に北海道に行ってくれと言われたため，これを承諾した。乙川は，その際，北海道で老人の機嫌を取るために日曜大工的な仕事をしてあげなければならないかもしれないので，汚れてもいいような作業服，軍手，マスク，ガムテープ，ロープなど，考えられる物を持ってくるようにと述べた。そのため，被告人は，作業服，軍手，マスク，ガムテープ等を自ら準備するとともに，ロープについては，よく分からなかったため，知人の白石松吉にその入手方を依頼した。白石は，被告人に対し，ロープの太さ，材質等を尋ねたが，被告人が答えられなかったため，ひとまず，標準的な作業用ロープを被告人に交付した。被告人は，作業服，軍手，マスク，ガムテープ，作業用ロープ等を自分のかばんに入れ，「XYZ」の後部座席に載せた。

3 被告人と乙川は「XYZ」に乗り，北海道に向かったが，途中でD県を通過した。乙川は，その際，D県内のかばん店に行き，黒色大型スーツケースを購入し，「XYZ」の後部トランクに入れたが，被告人は，乙川がなぜそのようなスーツケースを買ったのか，分からなかった。また，被害者と会いに行くまでの間に，乙川から，債権回収の話を聞いたこともないし，相手の老人に危害を加える可能性があるといったような話を聞いたこともなかった。当然のことながら，被害者を殺害することがあり得るという話など全く聞いていないし，被告人がそれを了解したこともなかった。被告人は，あくまで，何らかの契約をしに行くだけであると思っていた。

4 被告人と乙川は，B市内に到着後，昼食に札幌ラーメンを食べ，その後，喫茶店で被害者と会った。乙川は，被害者に対し，土地の売買に関する話をし，必要な書類を受け取りに行くといったような話をしていた。

その後，被告人と乙川は，同年7月1日午後5時頃，宿泊先のペンションに行った。ペンションオーナーが経営している喫茶店でサンドイッチを食べ，その後，経営者に紹介してもらった近所のラジウム温泉に行った。ラジウム温泉から戻ってきてから，二人で夕食に石狩鍋を食べた。

5 乙川は，同日午後7時30分頃，被害者に会いに行くと言って一人で外出した。被告人は，部屋に残り，スマートフォンでインターネットを見るなどしていた。被告人は，午後11時より前に寝たが，乙川は門限の午後11時を過ぎても戻ってこなかった。

朝方になり，隣室の男女二人連れが起き出して身支度をする音が聞こえた。隣のベッドを見ると，乙川がいつのまにか戻っていた。

被告人は，翌2日午前6時頃，乙川に促されて起き，身支度をした。乙川は，被告人に対し，もう一度，被害者の別荘に行ってみようと言われ，二人でペンションをチェックアウトし，被害者の別荘に行った。被告人は，車の助手席で寝て待ち，乙川が一人でペンションの中へ入っていった。その後しばらくしてから，乙川は，車の窓をたたいて被告人を起こした。乙川は，被告人に対し，被害者がいないので，しばらく待とうと述べた。被告人は，乙川とともに別荘の中に入り，しばらく待っていたが，被害者が戻ってくる気配はなかった。乙川は，被告人に対し，被害者は認知症なので，外出した後，自分の別荘が分からなくなったんじゃないか，など述べた。

被告人と乙川は，帰るしかないのではないかと話し合い，北海道を離れることとした。フェリーに乗船し，階段を上がって特等室に入った。乙川はソファに横になって眠った。被告人は，起きており，食堂の自販機で食べ物を買って食べた。

下船後，乙川が車を運転したが，少し休みたいと言い出し，高速道路インター近くのリンゴ畑の横に車を止め，しばらく目を閉じて休んでいた。被告人は車から降りて，リンゴ畑を見て回った。その後，また，乙川が車を運転し，高速道路を通って乙川宅に戻った。車の運転は，北海道では乙川がずっと運転し，行き帰りの高速道路では，途中，被告人も交代で運転した。

第3 死体遺棄について

1 被告人は，乙川を乙川宅に送った後は自動車を運転して自宅に帰るつもりであったが，帰路の途中で，乙川から，南森七郎や黄川征男に会うために自動車が必要だと言われた。また，被告人は，その頃から風邪のために体調が悪くなっていたこともあり，症状が良くなるまで，乙川宅で寝て休むこととした。
2 被告人と乙川は，同年7月3日午後2時頃，乙川の自宅に戻った。被告人は，乙川から風邪薬をもらい，これを服用して寝た。乙川は，まもなく一人で出かけていき，同日午後9時頃帰ってきた。その後，午後11時頃，南森や黄川に会わなければいけないと述べて，また一人で出かけて行った。その夜はそのまま帰ってこなかった。

翌4日，被告人は，風邪のため熱があり，乙川宅で一日中寝ていた。動ける状態ではなかった。乙川が留守の午前中に，誰かが乙川宅を訪問し，ドアをノックしていたが，被告人は応答に出なかった。乙川は，同日午後3時頃，一度，乙川宅に戻ってきたが，まもなく再び外出した。その夜は帰ってきて，二人で乙川宅に泊まった。

翌5日，乙川は昼過ぎまで寝ていた。被告人は，少し体調が良くなってきたので，自宅へ帰ることにしたが，乙川も，被告人の自宅の最寄り駅から三つ先の駅の辺りで用事があると言ったため，一緒に被告人の自動車に乗って，被告人の自宅方面に向かった。乙川は，その途中，南森の自宅に行くと言い出し，南森の自宅近くの焼肉店で三人で食事をした。被告人はあまり食べられず，短時間で一人先に車に戻り，休んでいた。乙川と南森は，長時間，店の中にいた。その後，乙川は，南森を自宅に送り，被告人を被告人方の最寄り駅で降ろし，一人で車を運転して自宅に戻っていった。

被告人は，乙川宅に泊まっていた間，乙川宅にあったインスタントラーメン等を食べていた。

乙川は，暴力団黄川組の幹部であるが，北海道への行き帰りの途中も，乙川宅へ戻ってきてからも，黄川，東岡（黄川組構成員），南森（乙川に本件の活動費用を提供した人物でもある。）らと頻繁に携帯電話で連絡を取り合っていた。

第4 まとめ
1 被告人は，北海道で概ね乙川と行動を共にしていたが，その間，乙川が一人で行動した時間帯があり，その際に，乙川が単独で被害者を殺害したものと考えられる。被告人は，乙川と共謀をしておらず，実行行為にも全く関与していない。殺人の実行行為が何時行われたかについては不明であるが，被告人はその現場に不在であった。
2 被告人は，同年7月3日に乙川の自宅に着いてから同月5日までの間，風邪で発熱し，寝込んでいたため，その間，乙川が何をしていたか，全く知らなかった。
3 本件は，捜査機関が各犯行現場から採取した指紋，足紋，毛髪，たばこの吸い殻，組織片，被告人の衣類等のDNA型鑑定を徹底的に実施したが，被告人と犯罪を直接結び付けるものは何も検出されなかった。被告人と犯罪を直接結び付ける証拠は，乙川供述のみであり，乙川供述には共犯者の引き込みの危険等が強く認められる。

よって，被告人は無罪である。

（別紙3）

証明予定事実記載書2

第1 共犯者である乙川の供述を除いた客観的状況から，被告人と乙川との間で各犯行の共謀が成立していたことを推認させる事実（被告人が争っていない事実を含む。）
 1 乙川が被害者を殺害し，その死体を遺棄したこと
  (1) 乙川は自らの殺人・死体遺棄を認めている（被告人も乙川がこれらの行為をしたことを争っていない）【乙川次郎の検察官調書】。
  (2) 乙川は，被害者の遺体を遺棄した現場に捜査員を案内し，実際に同所から被害者の遺体が発見された【捜査報告書】。
 2 被告人は，乙川とともに行動を共にする中で，被害者が姿を消す（殺害される）直前に，北海道で被害者に接触したこと
  (1) 被告人は，乙川とともに，被告人が実質的に所有する「XYZ」に乗って，北海道B市を訪れた【被告人の検察官調書，被告人による引き当たり捜査報告書】。
  (2) 被告人は，平成24年7月1日午後1時30分頃，乙川とともに，B市内の喫茶店で被害者に会った【被告人の検察官調書，被告人による引き当たり捜査報告書】。
  (3) 被告人は，同日午後5時30分頃，被害者の別荘近くにあるペンションに行き，翌2日朝まで宿泊した【被告人による引き当たり捜査報告書】。
 3 被告人及び乙川は，被害者の遺体を，被告人の「XYZ」の後部トランクに載せた状態で，B市から乙川の自宅まで運んだこと
  (1) 被告人は，乙川とともに，同月2日朝，被告人が実質的に所有する「XYZ」に乗って，北海道B市を出発し，同月3日午後2時頃，A県内の乙川宅に戻った【被告人の検察官調書，被告人による引き当たり捜査報告書】。
  (2) 被害者は，ひも状のもので絞殺されたが，その遺体は，パジャマ姿，素足の状態でスーツケースの中から発見され，手足，口等が粘着テープ，ひも等で緊縛された形跡も全くない一方，同年7月1日から3日までの間の北海道から本州へのフェリーの乗船名簿や飛行機の乗客名簿には被害者の名前が見当たらないことから，被害者は，同月1日から2日早朝にかけて絞殺された後，その遺体がスーツケースの中に入れられて本州に運ばれたと考えられる【遺体の状況に関する実況見分調書，解剖立会報告書，死因に関する鑑定書，スーツケース内部見分報告書，被害者の失踪経緯報告書，青木梅子の検察官調書（立証趣旨：乙川が被害者に接触していた際の状況）】。
  (3) 被告人や南森七郎が同年6月15日頃に「XYZ」の後部トランクを確認した際には，トランク内に異常はなかったが，同年8月1日に「XYZ」が警察に押収された際には，トランク内にあるサイドカバー，フロアマット等が剥がされ，洗剤によって洗浄された痕跡があるなどの罪証隠滅工作がなされていた【「XYZ」の検証調書，車両のバッテリーから洗浄剤の付着が認められたことに関する鑑定嘱託書・鑑定

書，南森七郎の検察官調書】。
4 被告人は，殺人や死体遺棄のための道具の準備を行ったこと
 (1) 被告人は，被害者に会いに行くのに先立ち，同年6月28日頃，自らホームセンターで軍手，マスクを購入したほか，東岡に対し，けん銃ないしサバイバルナイフの入手可能性を尋ねた【軍手・マスクの入手経過報告書，東岡史郎の警察官調書，被告人の検察官調書】。
 (2) 被告人は，東岡からけん銃等の入手が不可能だと言われた後，知人の白石松吉に対し，ロープを入手したいなどと依頼し，まもなく，白石からロープを受け取り，これをB市へ持参した【白石松吉の検察官調書，被告人の検察官調書】。
 (3) 被告人は，同月30日頃，北海道に行く途中で，かばん屋に寄り，人が入ることができるくらいの大きさのスーツケースを希望し，スーツケースを購入した【スーツケースの購入裏付け報告書，かばん店店員の警察官調書】。
5 乙川一人だけでは，被害者の遺体を遺棄することが不可能であること
 (1) 被害者の当時の体重は約72ないし75キログラムであるところ，犯人は，その重量の入ったスーツケースを高さ1メートル50センチの金属製の柵を越えて奥山鉱山の敷地内に運び入れた【被害者の体重に関する電話聴取書，死体遺棄現場の検証調書，死体遺棄状況に関する再現実況見分調書】。
 (2) 被害者の遺体を遺棄した採掘抗跡の入口には，重さ約120キログラムの金属製鉄板が乗せられており，遺体の入ったスーツケースを採掘抗に投棄するためには，その鉄板を大きく動かす必要があった【死体遺棄現場の検証調書】。
6 被告人は，被害者の遺体を遺棄した場所を地図で確認したこと
  「XYZ」の中からA県の地図が発見され，そのうち，奥山鉱山跡地付近の地図が掲載されたページに，被告人の指紋及び掌紋が付着していた【犯行使用車両の地図帳から被告人及び乙川の指紋が採取されたことに関する指紋等採取報告書・指紋等対照結果通知書】。
第2 共犯者乙川の供述の信用性を裏付ける事実
  上記第1記載の事実とともに，共犯者乙川の供述の信用性を裏付ける事実は，以下のとおりである。
1 被害者の死体が遺棄された現場近くで男二人の乗車した「XYZ」に酷似した車両が目撃されたこと
  同年7月4日又は5日の午前中に，被害者の遺体を遺棄した奥山鉱山の跡地の入口付近において，草刈り作業に従事していた女性が，「XYZ」と酷似する車両（黒系色の「XYZ」，Cクラス，A県ナンバー）に乗る男2名を目撃した【黒谷桜子の警察官調書】。
2 乙川は，7月5日夜，南森七郎に対し，被害者を死亡させてしまった旨を告白した上で，「俺が甲山くんを巻き込んじゃったんだよね」「一人じゃできなかったものね」などと話した【南森七郎の検察官調書】。

（別紙4）

予定主張記載書面2

第1 殺人について

　乙川が被害者を殺害した時刻について可能性があるのは，平成24年7月1日午後7時30分以降で翌2日午前6時以前までであり，それ以外にはあり得ない。

第2 死体遺棄について

1 検察官が証拠請求をしているA県a郡奥山町の奥山神社のお守りとお札は，本件以前に知人からもらったものであり，本件遺棄行為後に奥山神社に行って手に入れたものではない。

2 乙川が供述する着火型線香は，乙川が供述した道路沿線の商店では販売していない。

（別紙5）

証明予定事実記載書3

第1 共犯者乙川の供述全般が信用できること
 1 乙川供述全般について
  乙川は，捜査段階において，北海道在住の被害者に関する情報を入手した経緯，東岡とともに被害者に接触するに当たり，場合によっては脅すこともあり得ると考えて，サバイバルナイフ等を準備した状況，被害者の別荘において，被害者に対し，虚偽の情報を伝えて，土地の権利証等をだまし取ろうとしたこと，その後，再び，被害者に接触するため，（〜中略約20行〜），インターネット検索で見つけた鉱山の採掘抗跡の中に被害者の遺体をスーツケースごと投棄したことなどの犯行全般について，詳細に供述している。
 2 乙川供述と証拠との整合性
  このような乙川供述の内容がいずれも事実に符合するものであることについては，宿泊先の裏付け，各種購入品の購入裏付け，被害者の別荘に勤務する家政婦等の関係者の供述等の客観的証拠が存在する。
  取り分け，死体を遺棄した場所，各種道具を購入した場所等の重要な証拠は，乙川の供述によって初めて判明し，その供述のとおりの裏付け証拠が得られたものである。
  このように乙川の供述は，多くの客観的証拠と符合し，秘密の暴露も存するのであって，高い信用性が認められるところ，そのような供述をする乙川が，被告人の関与に関する部分のみ虚偽の供述をする事情は存在しない。
第2 被告人の関与に関する乙川の供述経過に照らしても，その供述には信用性が認められること
 1 乙川は，別件で起訴された後，平成24年11月7日から9日までの3日間，警察官の取調べを受けた際，被害者丙田の所在について「全然知りません」と述べ，自らの関与を全面否認する一方，被告人と共に同年7月1日に被害者に会った事実は認め，同日夜の行動に関し，同日午後7時30分頃に，被害者の別荘に一人で行ったこと，（〜中略数行〜），翌2日午前6時30分頃，被告人と一緒に，被害者の別荘を訪ねて被害者と面会したこと等の供述をした。
 2 乙川は，同年12月3日，前記の捜査官に対し，「丙田さんの所在について，自供しなければならないことがありますので，至急来庁願います」との電報を送り，同月5日，●●拘置所において，捜査官の取調べを受けた際，「同年7月2日に丙田さんの別荘でその首を絞めて殺害し，その遺体をスーツケースに入れて自宅まで運び，その後，その遺体を鉱山の採掘抗跡に投棄した」などと本件犯行の骨格を認める供述をし，その旨の供述書を作成した。
  しかし，その時点では，乙川は，被告人の関与について「自分が甲山を犯罪に巻き込んだ。だから，自分が全ての責任を取る。甲山のこと以外は全て話す覚悟だ。甲山

のことはずっと引っかかっている」などといい，被告人が共犯者として犯行に関与したことは暗に認めながら，そのことを供述書に記載することは拒否した。
3 乙川は，本件死体遺棄で逮捕された後の平成25年1月3日，捜査官に対し，「これまで本件殺人・死体遺棄に関し，被告人の関与について話をすることを避けてきたのは，被告人をいわば強引に巻き込んでしまったことで，申し訳ないことをしたと思っていたからです。しかし，被害者や残された御遺族のことを考えたら，真実を話すべきだと決心しました。被告人が殺人と死体遺棄に加勢してくれたことは間違いありません」と供述し，以後，一貫して被告人の関与を認める供述をし，自らの公判で質問されたときも同様の供述をしている。
4 このように，（〜中略約20行〜）。したがって，被告人が本件に共犯者として関与した旨の乙川供述の信用性に疑問を差し挟む余地はない。

第3 被告人の関与に関する乙川供述の信用性を裏付ける事実について
 1 殺人について
    （〜中略約2頁〜）
 2 死体遺棄について
  (1) 犯行が複数犯で行われたことを示す事実
       （〜中略約20行〜）
  (2) 乙川が焼肉店で南森に話した内容
       （〜中略約10行〜）
  (3) 「XYZ」から押収された証拠品について
    平成24年8月1日，被告人方において押収された「XYZ」の助手席足下から，A県の道路地図及び奥山神社のお守りが発見され，被告人方玄関からは，同神社のお札が発見された。
    同地図のA県北西部方面が掲載されたページや奥山鉱山跡地付近の部分が掲載されたページ等から，被告人の指紋及び掌紋が合計15個検出され，また，奥山鉱山跡地付近の部分が掲載されたページからは，乙川の指紋も2個検出されたが，両名以外の人物の指紋は検出されていない。
    このような証拠は，乙川が被告人と一緒に地図で遺棄場所を探しながら移動した旨の乙川供述と符合する。また，被告人は，死体遺棄後に，奥山神社に立ち寄り，お札とお守りを購入したとの乙川の供述も裏付けている。
  (4) 遺棄現場付近における目撃者の供述について
    同年7月4日又は5日の午前中に，被害者の遺体を遺棄した奥山鉱山の跡地の入口付近において，草刈り作業に従事していた黒谷桜子が，「XYZ」と酷似する車両（黒系色の「XYZ」，Cクラス，A県ナンバー）に乗る男2名を目撃しているところ，その助手席の人物について，複数の面割り写真の中から，最も似ている人物として，被告人の写真を抽出した。
第4 被告人の弁解が不自然・不合理であり，全く信用性がないこと

1 トランクの中の大型スーツケースの中に，被害者の遺体が入れられていたことに全く気付かなかったという被告人の弁解について

　「XYZ」のトランクと座席スペースは密閉構造になっておらず，乙川が「車内が臭かったので何度も消臭スプレーを撒いた」と供述していることや，南森が平成24年7月5日に被告人や乙川に会った際，乙川から「車の中が臭くないか」と言われた旨供述していることからすると，被告人が被害者の死臭に気付いていたのは間違いなく，被害者の遺体の存在に気付かなかったとの弁解は不自然，不合理である。

2 「XYZ」のトランクのカバーは譲り受けたときからすでに剥がされていたという被告人の弁解について

　「XYZ」のトランク内は，押収時には，サイドカバー，フロアマット等が剥がされていたが，被告人は，この点について，「XYZ」を譲り受けた時点でこのような状態であったと弁解している。

　しかし，乙川は，（～中略～）と供述しているほか，南森は，本件に先立つ同年6月15日頃，南森が購入した小型家具を「XYZ」に載せて運んでもらった際，トランクのカバーは剥がれていなかったと供述しており，被告人の弁解は，他の証拠に照らし，不自然，不合理である。

3 犯行当時の状況に関する被告人の弁解について

　被告人の供述を前提とすれば，乙川は，被告人が寝ている間に，既に被害者を殺害したにも関わらず，その後に被告人を連れて被害者宅に行き，被害者の帰りを待つかのような振りをしていることになるが，明らかに不自然不合理な行動というほかない。被告人の弁解は，きわめて不自然かつ不合理である。

第5 被告人が共犯者として指摘している人物は共犯者とはなり得ないこと

1 東岡史郎について

　東岡が2回目の北海道行きに同道していないことは明らかであるところ，東岡は，実際には，乙川の話が捕まる危険性が高いと分かったこともあって，体調悪化を理由に2回目の同道を断るとともに，被告人からけん銃ないしサバイバルナイフの入手可能性を尋ねられた際も，あっさりと無理だと答えている。

　そのような東岡が，死体遺棄行為に限って，乙川に協力するとは考え難い。

2 南森七郎について

　（略）

3 黄川征男について

　（略）

（別紙６）

予定主張記載書面３

第１　被告人の供述が信用できること

１　被告人の性格

被告人は性格がおっとりしてやさしく，気がいい人間である。家族思いのため，二人の娘からも慕われている。欠点は，ずぼらであることであり，車の掃除もせず，トランクの操作も知らない。人に騙され，利用されやすい。

２　被告人は組関係者ではなく，粗暴性もないこと

検察官は，被告人が少年時代にマフィアに憧れを持っていたとか，暴力団関係者である乙川らとの交際状況等から，被告人が乙川と同列の人間であると主張し，かつての粗暴前科をも強調すると考えられる。

しかし，被告人は，暴力団と関わりを持ったことはない。もっとも，以前に建築関係の仕事をしていた際，組関係の業者から下請けに使ってほしいと言われ，脅迫的な言動をされたことがあった。警察に相談すると，警察から，相手の組員の名刺は証拠として保存しておくようにと言われたことから，本件まで保存していた。自宅が捜索差押された際，その名刺が押収されたため，捜査官らは，被告人が暴力団関係者であるとの偏見を抱いたに過ぎない。

傷害の前科も，（～中略約20行～）という経緯があり，相手からの攻撃を防ぐため，相手の顔面を数発殴打したというものに過ぎない。

以上であるから，被告人の経歴，前科から予断を持つことは許されない。

３　本件で被告人が一貫して否認している意味

被告人は，最初に自宅に捜索が入った際，「XYZ」を提供して乙川と一緒に北海道に行っているので，押収された車等を調べてもらえば，自分が犯人ではないことが分かってもらえると思っていた。しかし，その後，南森とA県の繁華街で酒を飲んだ際，南森から，警察が近く乙川と被告人を強盗殺人で逮捕するつもりであると聞かされた。被告人は，全く本件のことを知らなかったが，乙川との強盗殺人の共犯の疑いで逮捕されそうであることを知り，どうすればいいのか，全く分からなくなった。約１か月前に長年闘病生活を送っていた母を亡くしたこともあって，人の命の重さを感じることがしばしばあった時期であり，そんな自分が強盗殺人を犯したことにされると言われ，気が狂うような思いとなった。

そのような中で，被告人は，別件で逮捕・勾留の上起訴され，本件で取調べを受けるようになった。長期間の拘束を受け，心身とも疲労困憊状態となった。乙川が，被告人を強引に犯行に関与させたことを認め，自ら一人で責任を取るなどと述べていたこともあって，捜査官は，被告人に対し，「乙川に無理やり手伝わされたのだろう。君にとっては全く予想外のことが次々と展開したので，拒否する余裕もなかったんだろう。君自身，怖かったんじゃないか」「私の知っている限り，君の責任は，乙川が

20年だとすると，3，4年くらいじゃないかと思うよ。」などと同情的に水を向けられた。

仮に被告人が何らかの形で犯行に関与しているのであれば，当然に認めていい状況にあったといえる。

しかし，被告人は，実際に全く関与していないのであるから，否認せざるを得なかった。そのような被告人の態度に立腹した主任検事は，「認めれば，求刑は5年位にしてやるのに，否認を通すなら，それではすまないぞ。最高刑は分かっているか。覚悟しておけよ」などと脅かされた。しかし，被告人は，関与していないのであるから，うそはつけないと否認を貫いた。逮捕以来，現在まで，一貫して否認を貫いている。

否認を貫くことが被告人に不利と思われるのに，なぜ否認を貫くのか。それは，被告人が犯行に関与していないのが真実だからである。

第2 乙川供述が信用できないこと
1 被告人が関与したことを直接示す証拠が皆無であること

本件捜査の過程で，殺人が行われたとされる被害者宅，被害者が運ばれたスーツケース，被告人の「XYZ」等から微粒物が採取され，DNA鑑定が実施されたが，被告人と被害者を結びつける証拠は何も出なかった。

（～中略約10行～）

2 乙川供述は客観的事実に符合しない点が少なくないこと

検察官は，乙川供述は多くの客観的証拠と符合する上，秘密の暴露も存し，信用性が高く，被告人の関与部分のみ虚偽供述をする事情は存しないと主張する。

しかし，乙川自身が行った犯行状況等については，客観的証拠と符合したり，秘密の暴露があっても，乙川が供述する犯行状況等が全て証拠に符合しているわけではない。随所に客観的事実に符合しない部分があり，乙川は，自分の計算から，否認時の事実経過に影響されて，虚偽の事実を混在させて供述していることに注視する必要がある。この点は，後に詳述する。

3 真の共犯者を隠すため，被告人を共犯者に引きこんだこと

乙川が殺人，死体遺棄の犯人であることは間違いないと考えられるが，だからといって，共犯者が誰かについて，虚偽供述をする可能性があることは十分あることであり，それは幾多の無罪裁判例が積み重なっていることからも明らかである。

本件では，警察は，黄川組による組織的犯行を疑っていた。乙川は，黄川らから捜査の目をそらすため，比較的乙川と一緒に行動することが多く，かつ，使い走りとして利用していた被告人なら，共犯者に仕立てても，立場的に困らず，かつ不自然でもないと考えた。被告人ならば，共犯者として引き込んでも不自然でなく，差支えのない人物であったことから，真の共犯者の代わりに被告人を引き込んだものである。

4 否認段階の供述の上に重ねた虚偽自白であること

検察官は，乙川の供述の経過を主張しているが，最初の否認時の供述に着目すべきである。乙川は，当初，自分が犯行に関与していないことを明らかにしようとして，

犯行をした時刻やその際の乙川の行動を隠すように，供述を作り出している。被告人の供述内容と対比すれば，そのことは明らかである。乙川は，その際に供述したことを前提として，その上に殺害行為を重ねるように供述したのである。
5 乙川供述と他の証拠との矛盾点
 （略）

 （以下，約10頁にわたる証拠評価の主張につき，略）

第4　被告人の精神症状が問題となる事案の争点及び証拠の整理

1　総論

(1)　全体的な問題状況

　裁判員裁判において公判準備に困難を来した事件の中には，被告人の精神症状が問題となった事例が相当数ある。責任能力の有無・程度が問題となった事例が最も多いが，量刑上重要な事実として被告人の精神障害が主張された事例，最終的には争点とならなかったものの，責任能力が争点となるか否かの検討に時間を要した事例，訴訟能力が問題となった事例もある。その中には，公判前整理手続の早期の段階で責任能力が争点となることが明らかになったにもかかわらず，責任能力に関する検察官の証明予定事実記載書が提出されるまで起訴から数か月，弁護人の予定主張記載書面が提出されるまでに更に数か月かかっている事例も少なくない。また，双方がいわゆる「7つの着眼点」[108]に基づく主張を応酬することに時間を要している事例や，起訴前鑑定の鑑定書を含む捜査書類の内容を引き写した証明予定事実記載書と協力医による私的鑑定や意見書を引用した予定事実記載書面による主張の応酬が，求釈明とともに繰り返され，裁判所がこのような書面の応酬を放置又は助長している事例もある。

　主張書面の応酬に長い日数をかけている事例は，他の事件類型における長期化事例にも多くみられるところであるが，被告人の責任能力が争点となる場合には，他と異なる独自の要因があると思われる。その要因としては，

① 　争点の整理における責任能力の判断枠組みの混乱
② 　証拠の整理における精神鑑定の取扱いの混乱

の二点が指摘できる。

(2)　あい路と対策

ア　争点の整理における責任能力の判断枠組みの混乱

(ア)　問題状況

　　　　　長期化事例では，法曹三者において，責任能力の判断枠組みの理解が共有されず，法律家と精神科医の役割分担についての認識を欠いていると思われるものが多く，また，心理学的要素の検討に用いられてきた「7つの着眼点」がどのような機能又は役割を有するかについて十分に意識されることなく，責任能

---

[108] ①動機の了解可能性／不能性，②犯行の計画性／突発性／偶発性／衝動性，③行為の意味・性質，反道徳性，違法性の認識，④精神障害による免責可能性の認識，⑤元来ないし平素の人格に対する犯行の異質性・親和性，⑥犯行の一貫性・合目的性／非一貫性・非合目的性，⑦犯行後の自己防御・危険回避的行動　岡田幸之ほか「刑事責任能力に関する精神鑑定書作成の手引き　平成18～20年度総括版（ver.4.0）」（平成18～20年度厚生労働科学研究費補助金（こころの健康科学研究事業）他害行為を行った精神障害者の診断、治療および社会復帰支援に関する研究・他害行為を行った者の責任能力鑑定に関する研究）（2009年）https://www.ncnp.go.jp/nimh/shihou/tebiki40_100108.pdf

力に関する詳細な主張がなされている事例が多い。その原因としては，法曹三者において，被告人の責任能力が問題とされる事案における争点及び証拠の整理の在り方についての理解や，法律家と精神科医の役割分担を踏まえた責任能力の判断枠組みについての理解が共有されず，医学的評価と法律的評価の区別がなされないまま主張が展開されていることを指摘できる。

(イ) 責任能力の判断枠組みについて―最高裁判例と8ステップ論―

刑法は，「心神喪失」や「心神耗弱」に関する定義規定を置いていないが，確立された判例によれば，刑法39条にいう「心神喪失と心神耗弱とは，いずれも精神障害の態様に属するものであるが，その程度を異にするものであり，すなわち，心神喪失とは，精神の障害により事物の理非善悪を弁識する能力がなく又はこの弁識に従って行動する能力がない状態を指称し，心神耗弱とは，精神の障害がいまだ上記の能力を欠如する程度に達していないが，その能力の著しく減退した状態を指称する。」（大判昭和6年12月3日大審院刑事判例集10巻682頁）と定義されている。この定義によれば，「心神喪失」や「心神耗弱」の認定は，精神の障害という生物学的要素と，是非（あるいは違法性）を弁別（あるいは「弁識」）しこれに従って行動する能力の欠如（弁識能力と制御能力）という心理学的要素の二つの要素から構成されることになる。

そして，責任能力の有無・程度の判断は，法律判断であって，専ら裁判所に委ねられるべき問題であり，その前提となる生物学的，心理学的要素についても，上記法律判断との関係で究極的には裁判所の評価に委ねられるべき問題である（最三小決昭和58年9月13日裁判集刑232号95頁）。

他方，生物学的要素である精神障害の有無及び程度並びにこれが心理学的要素に与えた影響の有無及び程度については，その診断が臨床精神医学の本分であることに鑑みれば，専門家たる精神医学者の意見が鑑定等として証拠となっている場合には，鑑定人の公正さや能力に疑いが生じたり，鑑定の前提条件に問題があったりするなど，これを採用し得ない合理的な事情が認められるのでない限り，その意見を十分に尊重して認定すべきものというべきである（最二小判平成20年4月25日刑集62巻5号1559頁）。

このような責任能力の判断に関する最高裁判例によれば，法律家と精神科医が双方の役割分担について共通理解を持つことが必要であることは明らかである。そのために，医学的診断から責任能力の認定判断に至る構造を明らかにしたのが，以下に紹介する「8ステップ」である（岡田幸之・「責任能力判断の構造と着眼点－8ステップと7つの着眼点－」精神神経学雑誌115巻10号（2013年）1064－1069頁，同「精神医学がいう『異常』と法律判断－8ステップモデルの『責任』の周辺への展開」法律時報2018年90巻1号39－46頁参照）。すなわち，

Ⅰ 精神機能や精神症状に関する情報の収集

Ⅱ 精神機能や精神症状（健常部分を含む。）の認定

Ⅲ　疾病診断
　　　Ⅳ　精神機能や精神症状（健常部分を含む。）と事件との関連性
　　　Ⅴ　善悪の判断や行動の制御への焦点化
　　　Ⅵ　法的な弁識・制御能力としての特定
　　　Ⅶ　弁識・制御能力の程度の評価
　　　Ⅷ　法的な結論
の8段階に整理することができ，精神医学が専門とするのは法の解釈と適用を必要としないⅠ～Ⅳであり，Ⅴ以下は法律判断である。これによれば，
　①　被告人の精神障害の有無・内容（Ⅰ，Ⅱ）
　②　精神障害が犯行に与えた影響の有無・程度，影響の仕方（機序）（Ⅳ）
　③　これに基づいた心理学的要素に関する評価（Ⅴ以下）
を検討するのが，責任能力の判断枠組みであり，①と②は精神科医の意見を十分に尊重すべき医学的判断であり，③は専ら法律家が担う法的評価である[109]。
　　そうすると，医学的判断から裁判所が責任能力の判断に至る構造は，別添の「責任能力判断の構造」（本報告書次頁）のように考えることができる。
　(ウ)　8ステップ論における7つの着眼点の位置付け
　　a　(イ)で示した責任能力判断の構造の中で，7つの着眼点は，どのような機能又は役割を果たすべきであろうか。
　　　そもそも，この7つの着眼点は，司法精神医学の専門家が，数多くの鑑定書や判決文を精査して，裁判官等の法律専門家が責任能力を判断するにあたってどのような点に着目しているのかを考察した結果を踏まえ，精神鑑定において責任能力について言及する場合に有用であると思われる考察のための着眼点として，まとめられたものである。そうであるとすると，心理学的要素に関する評価（Ⅴ以下）において用いられるツールであると考えるのが素直な理解であろう[110]。

109　この8ステップの整理を前記判例（大判昭和6年12月3日等）の枠組みにあてはめると，
　①　被告人の精神障害の有無・内容（Ⅰ，Ⅱ）が，生物学的要素である判例の「精神の障害」に，
　②　精神障害が犯行に与えた影響の有無・程度，影響の仕方（機序）（Ⅳ）が，判例の「により」の部分に，
　③　これに基づいた心理学的要素に関する評価（Ⅴ以下）が，判例の「事物の理非善悪を弁識する能力又はその弁識に従って行動する能力」（があるかどうか）にそれぞれ対応する。
110　実際にも，起訴前鑑定がない状態で，精神鑑定の請求がされた場合，裁判官は，7つの着眼点を利用し，大雑把な判断（例えば，「意識は明確で，幻覚幻聴らしきものはないが，犯行目的が理解しがたく，当時の行動にも合理性がないから，心神耗弱かもしれない」→「鑑定採用」，「犯行動機は了解可能で，行動もそれなりに合理的だし，犯行当時の状況からすれば，被告人の述べるような犯行動機を抱くのは自然であり，犯行後には罪証隠滅工作もしていることなどからすると，完全責任能力であることは明らか」→「鑑定請求却下」といった判断）をするのが通常である。後に述べるとおり，弁護人は，起訴前鑑定がないが被告人の責任能力に疑問を感じた場合は，できる限り早期に7つの着眼点に基づく検討を行い，まず，50条鑑定の請求の要否を検討すべきである。

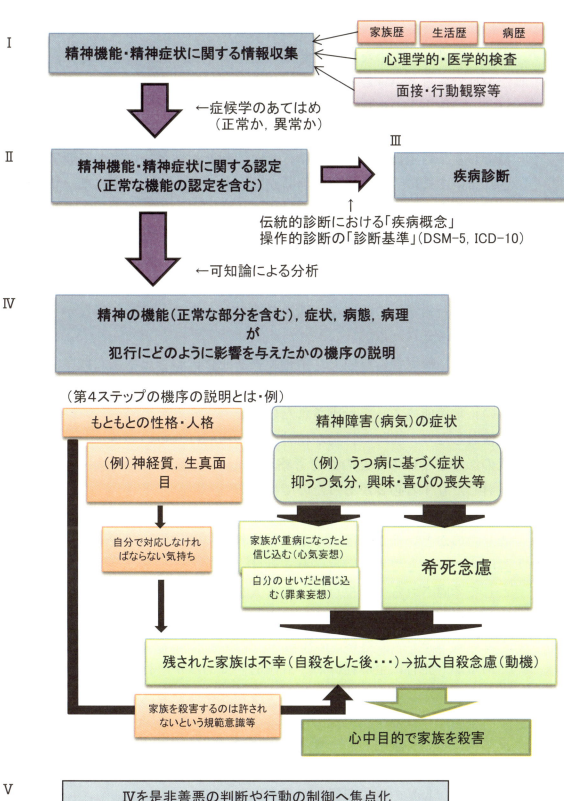

しかし，精神科医と法律家がそれぞれの役割を果たすべきであるとされるようになってきた現状において，なお，7つの着眼点を心理学的要素に関する評価において用いるべきであるかどうかは，改めて検討する必要がある。

b　最初に留意すべき点は，7つの着眼点は，法律家と精神科医の役割分担が十分に意識されていなかった時期の鑑定書や判決を分析した結果，抽出された項目であるということである。研究員の経験によれば，その当時の精神鑑定は，①被告人の精神障害の有無・内容，②精神障害が犯行に与えた影響の有無・程度のほか，③責任能力の有無等についても精神科医にその判断を委ねており，鑑定書の中では，精神科医の判断領域と法律家の判断領域が区別されないままに，責任能力の判断がなされていた。その中には，精神障害の有無・内容についての診断部分は極めて詳細であるものの，その精神障害が犯行に影響を与えた機序（仕組み，メカニズム）が十分に説明されないまま，不可知論的に，責任能力の結論を導いていた鑑定もかなり見られた。判決も，そのような鑑定に基づいて作成されているために，精神科医の判断領域と法律家の判断領域との明確な区別を前提としたものとはなり得なかったのではないかと考えられる。

例えば，鑑定書において，精神障害が犯行に影響を与えた機序がきちんと説明されていない場合には，犯行動機が精神症状によって形成されたか，精神の正常機能によって形成されたのかを考察するため，動機の「了解可能性」を検討したり，当時の行動が精神の正常機能に基づいてされたのか，精神症状の影響を受けていたのかを考察するため，「犯行の一貫性・合目的性」を検討したりする必要があったのではないかと思われる。しかし，精神症状ないし精神の正常機能が犯行の動機や犯行又は犯行前後の行動にどのように影響したのかということは，本来，精神科医において，第4ステップ（Ⅳ）で説明すべきことである。言い換えれば，実際の事件において「7つの着眼点」として考慮されるべき視点は，被告人を実際に鑑定した精神科医による「機序」の説明の中に解消されるべきものといえる。精神科医によりその機序が十分に説明されていれば，法律家は，その説明とは別に，動機が「了解可能」であるか，犯行に至る経緯が「計画的」であるか，行動に「一貫性・合目的性」があるかといったことを判断する必要はないし，場合によっては，判断を誤るおそれもある。

(エ) 具体例に基づく説明

以下の事例をもとに，別添の「責任能力判断の構造」（本報告書109頁）の第4ステップ（Ⅳ）の例で記載した「機序」を考えてみたい。

①　被告人（女性）は，かなり寒い冬の日に息子を連れて買い物に出掛けた。その後，息子は5日間にわたって高熱が続く風邪を引いた。

② 外出に同行させたことを後悔し，「自分には子育てをする資格がない」などと思い悩む。
③ その後，息子は，そろそろ意味のある言葉をしゃべることができるはずの年齢になっても，なかなか言葉を発しない状態が続く。
④ 「風邪による高熱が続いたせいで，精神遅滞になったのではないか」などと思い悩む。
⑤ 「自分のせいだ，こんな母親は生きている価値がない」などと思い込んで，自殺を考え始める。
⑥ 「自分が自殺すれば，残された精神遅滞の息子も不幸になる」と考えて，息子と一緒に死にたいと思うものの，「幼気な息子の命を奪うことは許されない」と思い，数日間にわたってためらう。
⑦ ある日，「やっぱり一緒に死のう」と思い，息子が苦しまない方法として，息子が寝ている間に，口と鼻をハンカチで塞ぎ，殺害。
⑧ 自分も首をつって死のうとするものの，失敗。
⑨ 自ら警察に通報し，逮捕される。

　この事例では，動機は了解可能のように考えられるし，行動の一貫性・合目的性も認められる。しかし，被告人の当時の気分の落ち込みが一時的なものでなく，うつ病と診断されるような状態であり，そのうつ病のために，希死念慮（⑤⑦）が生じるとともに，心気妄想（④）のために，息子が精神遅滞になったと考えたり（例えば，相談をした医者や保健師から「言葉の発達は人によって違うので，今，きちんと喋られなくても，何ら問題がありません」などと言われても，精神遅滞になったに違いないなどと信じ込むような状態であるなど），罪業妄想（⑤）のために，家族の不幸は全て自分のせいだと思い込んだり（例えば，客観的には被告人のせいでなく，周りからもそのように言われているのに，自分のせいだと信じ込むような状態であるなど）したのであれば，注目すべきなのは，そのような精神症状が犯行に影響した程度やその機序であり，それこそが重要なはずである。「了解可能性」「計画性」「一貫性・合目的性」というのは，被告人の精神状態（精神症状や正常な機能）が表層に現れた部分を法律家として分析可能な観点で評価したものであるが，本質的なことは，精神状態（精神症状や正常な機能）が犯行に影響を与えた機序そのものであり，本来，精神科医の判断に委ねられるべきであろう。そして，このうち，精神症状が犯行に影響したと判断された部分は，被告人の自由意思でコントロールできない性質の部分である。例えば，幻覚妄想に支配された犯行の場合，幻覚妄想自体が，本来あり得ないことを真実だと思い込み，それが訂正不可能な状態を意味するから，それに支配された犯行は，本人の自由意思で左右できないものであったという評価になるのであろう。

以上によれば，法律家の領域では，精神科医が説明する精神症状の影響の大きさとその影響の仕方を，精神の正常機能の働き具合と併せ考えることによって，「是非善悪の判断能力」や「その判断に従って行動をコントロールする能力」がどれくらい残っているのかを評価すれば足りるように思われる。ちなみに，この事例では，幼気な息子の命を奪うことは許されないという意識は明確であり，自殺に失敗すると直ちに警察に通報していることなどからすると，是非善悪の判断能力は十分に残っていたものの，うつ病による希死念慮，心気妄想，罪業妄想等の強い影響により，自分の行動をコントロールする能力がかなり損なわれていたと評価することになろう。他方，被告人は，数日間にわたって自殺をためらっていることや，最終的に拡大自殺を図ったのには，何でも自分で対応しなければならないという被告人の本来の性格も寄与していることなどからすれば，自分の行動をコントロールする能力は多少とも残っていたといえよう。

　評議では，そういった評価を加えた上，行動をコントロールする能力の低下の程度が「著しい」といえるかどうかを議論すれば足りるのではなかろうか。判決も，評議の結果を表すのであるから，精神科医の機序の説明に，鑑定手法や前提事実の誤りがないかなどの検討を加えた上で，それを前提に，精神障害の影響の程度と法的評価を記載すれば足り，あえて7つの着眼点を用いる場面はなくなるのではないか。

(オ)　第4ステップ（「機序」）の重要性

　以上によれば，精神障害又はこれに基づく症状が犯行にどのように影響を与え，被告人の健常部分や本来の性格・人格が犯行にどのように影響を与えたかという第4ステップ（Ⅳ）を精神科医に明確に説明してもらうことが，第5ステップ以下の責任能力の有無の判断にとって必要不可欠であり，最も重要である。公判前整理手続では，鑑定をした精神科医の考え方をベースとして，第2ステップ（Ⅱ）の精神症状及び第4ステップ（Ⅳ）の機序に関する主張をきちんと確定する作業を行うべきである。

　そして，事実関係に争いがなく，かつ，精神科医の判断を尊重し得ないような特別の事情もない場合には，カンファレンスを終えた最終段階では，検察官も弁護人も，精神科医の説明する「精神症状等の犯行への影響の機序」を共通のベースとすることが可能と考えられる。他方，事実関係に争いがある場合には，「精神症状等の犯行への影響の機序」については，検察官の主張する事実を前提にするとどのように機序が説明されるか，弁護人の主張する事実を前提にするとどのように機序が説明されるかが，同じく精神科医の説明に基づき，確定されるべきであり，それがそれぞれ検察官及び弁護人の主張内容となる。

　7つの着眼点で示されているような視点は，法律的な評価を除いた上で，精神科医が精神症状の影響の機序を説明する上で意識すべきものとして，法律家

から精神科医に提示され，第4ステップ（Ⅳ）の「精神症状等の影響の機序」を確定していく作業の中で利用されるべきものであろう。すなわち，動機が「了解可能かどうか」や犯行が「一貫しているか否か」という評価に意味があるわけではなく，「動機」や「犯行」に着目して機序を説明すべきなのであり，7つの着眼点はこのように修正して用いられるべきである。鑑定依頼やカンファレンスを含めた打合せの際などで，法律家が精神科医に対し，当該事案に即して意識してほしいポイントやその前提となる事実関係を提示し，その点を意識した機序の説明を受け，これを理解して，自らの主張に折り込むことが重要であって，精神科医による機序の説明とは別に，7つの着眼点に基づく主張をし合うのは，不毛な議論に終始するだけである[111][112]。

(カ) 争点整理のイメージ

公判前整理手続の目的は，争点と取り調べるべき証拠を確定し，審理計画を立てることにある。責任能力が争われている場合の法律上の争点は，「責任能力の有無及び程度」である。また，実質的な争点としては，事実関係に争いがなく，精神科医の判断を尊重し得ないような特別の事情がない場合には，検察官も弁護人も，精神科医の説明する「精神症状の犯行への影響の機序」を共通のベースとすることになるはずであるから，争点整理の結果としては，例えば，「被告人には～～という精神障害に基づく精神症状があり，その精神症状が

---

[111] 長期化事例の中には，それぞれが「7つの着眼点」に基づく主張を応酬することに時間を要している事例が相当数見られるが，その多くは不毛な議論に終始している。例えば，裁判官が検察官及び弁護人双方に対し，「7つの着眼点のうち，本件で重要な点に絞った主張をしてください」と働きかけても，検察官は責任能力が肯定される方向に働く事情を重視し，弁護人は責任能力が否定される方向に働く事情を重視するため，主張の応酬を繰り返しても，何が重要な事情であるかについて共通認識ができなかったり，7つの着眼点のそれぞれの項目に関しても，検察官は責任能力が肯定される方向に働くようなエピソードや被告人の供述を取り上げて「動機が了解可能である」と主張し，弁護人は責任能力が否定される方向に働くエピソードや被告人の供述を取り上げて「動機が了解不可能である」と主張し，それぞれの評価を言い合うだけとなっていたりしている。7つの着眼点に基づく主張の応酬は，争点及び証拠の整理には役立っていない例が多い。

[112] 7つの着眼点に基づく主張整理をする意義に関し，責任能力に関する証拠の採否の判断に役立つのではないかと言われることがある。しかし，正式鑑定がある場合において，責任能力の判断のために公判で行うことが必要とされる証拠調べは，医学的診断をした精神科医の尋問であり，精神科医が診断の前提とした基礎資料をも調べることは求められていない。もちろん，分かりやすい証拠調べに基づき的確な心証を形成するという観点から，基礎資料に関する証拠を取り調べることが相当な場合もあろうが，そのために7つの着眼点に基づく主張をする必然性はない。立証しようとする事実とそのための証拠を請求すれば足りるはずである（例えば，「犯行の前日に被告人が～という犯行の準備をしたこと」を立証趣旨として，そのための証拠を請求すれば足りる。）。そのほか，責任能力の判断をする裁判員がどの点に注目すべきかについて，公判前整理手続の中で共通認識を作る必要があるのではないかと言われることもある。しかし，裁判員が注目すべきポイントは，精神科医による「精神症状等が犯行に与えた影響の機序」の説明であって，それを超えて，検察官及び弁護人が重視する事情を公判前整理手続の段階で明らかにする必要はないのではなかろうか。

本件犯行に〜〜という形でかなり影響したものの，その際，〜〜という精神の正常機能も作用していたことについては，検察官及び弁護人間に争いがなく，それを前提に，検察官は，精神症状の犯行への影響は限定的であり，著しいとは評価し得ないので，被告人には完全責任能力が認められると主張するのに対し，弁護人は，精神症状の影響は動機形成という観点でみれば著しいと評価できるので，被告人は心神耗弱の状態にあった，と主張する。」
というような形になろう。

　その上で，具体的に精神症状の影響の大きさをどのように評価するか，精神の正常機能の働きの程度をどのように評価するかなどについては，精神科医の証人尋問や被告人質問等の証拠調べを経た後に，その内容を踏まえて双方が主張すれば足りよう。証拠調べの範囲に影響しないにも関わらず，公判前整理手続の段階で，結論に関する主張（心神喪失，心神耗弱又は情状）を超えて，あらかじめ証拠の評価に関する主張をさせるのは，公判前整理手続の目的を逸脱するのではなかろうか。裁判所が，責任能力の争点の位置付けを知り，的確な審理計画を立てるとともに，責任能力に関する裁判員への説明内容を準備するためには，責任能力に関する結論的な主張があれば足りると思われる[113]。

　そうだとすれば，法曹三者が，責任能力判断の構造や法律家と精神科医の役割分担についての認識を共有した上，その役割分担を有効に機能させるためには，どの段階でどのような目的でどのような主張をすべきかを再検討し，確立していくことが，公判前整理手続における主張の混乱を回避するための鍵となる。

イ　証拠の整理における精神鑑定の取扱いの混乱

　心神喪失・心神耗弱という概念は，その定義から明らかなとおり，精神医学等の周辺諸科学と密接に関連しており，とりわけ，精神の障害という生物学的要素の認定は，医学的評価であって，専門家である精神科医の知識と経験によらなければ困難であるから，捜査又は公判，場合によってはその双方で，精神鑑定が実施されることが少なくない。

　しかし，法律家において，この精神鑑定をどのように取り扱うかについての理解が不十分であることが，公判前整理手続における検察官及び弁護人の主張の混乱を招き，公判準備に困難を来す原因となっていることがかなり多く，これは，検察官及び弁護人が主張の基礎とする精神鑑定を早急に確定させるという意識が不足していることが原因ではないかと思われる。

---

[113] 検察官又は弁護人は，往々にして，7つの着眼点の各項目を記載して具体的な証拠内容を引用した主張書面を提出するが，そのような主張は，公判審理の十分な準備という観点からは不要であり，できる限り早期に公判前整理手続を終結させることを妨げるものであるばかりか，公判前整理手続において実質的な証拠の内容を主張で提出するものであって，公判中心主義，裁判員との実質的協働等の観点からみても，問題が大きい。

そうだとすれば，被告人の責任能力が争点となる事案において，精神鑑定という証拠をどのように整理すべきか，言い換えれば，公判審理や公判準備の基礎となる精神鑑定をどのように確定させていくかが，公判前整理手続を迅速かつ円滑に進行させる鍵となる。

(3) 起訴前鑑定の有無による区別

このように，被告人の精神症状が問題となる事案では，医学的評価を基礎づける精神鑑定が重要であるから，起訴前に正式な精神鑑定がなされている場合とそうでない場合とでは，検察官及び弁護人の準備を始め，公判前整理手続の進行は大きく異なることになる。そこで，本研究では，実務上多く見られる責任能力の有無・程度が主張される事例を中心に，起訴前鑑定がある場合とない場合に分けて，手続の段階（フェイズ）ごとに，争点及び証拠の整理の在り方を検討する。

2 起訴前鑑定がある場合[114]

(1) 【第1フェイズ】50条鑑定の請求の要否に関する弁護人の検討段階

ア 問題状況

起訴前鑑定がある事件は，弁護人において，公判前整理手続の早期の段階で，責任能力を争う意向を示すことが多い。しかし，その後，弁護人が私的鑑定に応じてくれる協力医を探し出し，鑑定書や意見書を書いてもらった上で，これに基づく詳細な主張をするという過程を経ることが多く，50条鑑定の請求をするかどうかの判断までにかなりの時間を要しているのが実情である[115]。

その原因としては，

① 起訴前鑑定の内容を検討するための資料の入手や検討に時間がかかる[116]，

② 起訴前鑑定がある場合に，50条鑑定の請求を基礎づけるためにどのような主張をしたらよいかがわからない[117]，

③ 弁護人は，協力医を探してその見解を前提に主張しようとするが，協力医の確保に時間がかかる上，協力医に依頼した後は，法律的評価を含めて，そ

---

[114] ここでは，起訴前に簡易鑑定のみが行われているものは含めない。簡易鑑定は，その鑑定手法や時間等に制約があり，精神障害の有無や内容及びこれが犯行に与えた影響の機序につき，その判断を基本的に尊重してよいといえるほどの条件が満たされていないからである。

[115] なお，弁護人が50条鑑定の請求をせず，私的鑑定によって責任能力に関する事情を立証しようとする意向を示したため，検察官において50条鑑定の請求をしている事例もわずかながらある。しかし，責任能力が争われる多くの事件では，弁護人が50条鑑定を請求していることから，まずは，弁護人が50条請求の要否を判断するまでの過程に無駄がないかどうかを検討する必要がある。

[116] 起訴前鑑定の基礎資料の開示を受けるのが遅かった事例，起訴前鑑定の内容を正確に理解しないままピントのずれた主張をし，検察官の反論を受けて改めて検討をし直した事例などが見られる。

[117] 7つの着眼点に基づいて被告人の責任能力の欠如を主張するのみで，起訴前鑑定の問題点を何ら主張せず，裁判所から，起訴前鑑定の問題点を主張するように促されても，7つの着眼点に基づく自らの主張と起訴前鑑定の結論が異なっていることだけを主張した事例などが見られる。

の意見又は鑑定書に依存してしまう[118],

といった点が挙げられる[119]。

イ　あい路と対策

(ｱ)　起訴前鑑定の内容を検討するための資料の入手や検討に時間がかかるという点について[120]

a　鑑定書や資料の入手について

起訴前に正式な精神鑑定がなされている場合，弁護人は，起訴後すぐに，検察官に対し，鑑定書とその資料の任意開示を依頼すべきである。また，検察官も，弁護人が責任能力について問題意識を持つことを想定できるのであるから，弁護人からの依頼がなくとも，請求証拠の開示と同時に，鑑定書とその資料を任意開示すべきである。鑑定書等は，早期に任意開示をしても，証拠漁り等の弊害は考えられない。

裁判所としても，早期の打合せを行い，起訴前鑑定がされていることを把握し，任意開示の対象とすべき証拠（起訴前鑑定の鑑定書のほか，これまでの精神科の入通院歴に関する証拠（診断書，診療録等），日頃の生活状況や被告人の性格等を明らかにする家族の供述調書等）を確認し，その開示時期を明確にするなどの進行管理をすることが重要である。

b　鑑定書の理解・検討について

(a)　弁護人が鑑定書の内容について理解・検討すべきなのは，「生物学的要素である精神障害の有無及び程度並びにこれが心理学的要素に与えた影響の有無及び程度」及び「精神障害（の症状）の有無とこれが犯行に影響を与えた機序」という臨床精神医学の本分である部分であって，責任能力の

---

[118] 自分の予定主張に合致する結論を出してくれる協力医を探していたためか，そもそも協力医を見つけるまでにかなりの日数を要した事例，起訴前鑑定の内容のうち，精神障害の有無・内容及びそれが犯行に与えた影響に関する部分は異論がないにもかかわらず，責任能力の判断部分に異論があるため，別の協力医の判断を求めていた事例，起訴前鑑定の前提事実に誤りがあり，弁護人限りでも十分その旨の主張ができたのに，協力医に対し，全面的に資料の検討や法的評価の判断をも委ねた事例などが見られる。

[119] 裁判所が弁護人に対し，7つの着眼点に基づく主張を促したり，協力医の判断を得てその判断に基づいて主張を構成するように促したりするなど，裁判所の訴訟指揮に問題がある事例も存在しており，裁判所の理解不足という状況も浮かび上がっている。

[120] 裁判員裁判の導入当初は，弁護人の責任能力に関する予定主張が出された後に，その主張関連証拠開示請求により，鑑定書等が開示されていたため，資料入手までの間にかなりの時間を要していた。近時は，起訴後早い段階で，打合せが行われ，起訴前鑑定やその資料が任意で開示されるようになっているが，最近でも，任意開示の対象について共通認識ができておらず，鑑定書は開示されたものの，鑑定の前提となった資料の開示がかなり遅れた事例が存在している。また，その後に出された予定主張記載書面の内容からすると，鑑定書やその資料の見方に慣れておらず，責任能力に関する結論部分が正しいかどうかの検討に時間をかけていたのではないかと思われる事例も見られる。鑑定書の中には，その記載内容がかなり難しく，理解しにくいものもある。まずは，資料の入手や検討に無駄な時間や労力をかけないための方策が必要となる。

有無,程度という結論部分ではない。起訴前鑑定は,多くの場合,精神科医に対して責任能力の有無及び程度という法的判断に関する意見まで求めているが,法的判断に関する意見は,精神科医の専門領域ではない。現在,公判で精神科医に対してその点に関する証言を求めることもなくなっている[121]。

(b) 責任能力が争点となる事件について経験が乏しい弁護人の場合,以上の点の理解が不十分なこともあるから,裁判所としては,早期打合せの段階で,起訴前鑑定の位置付けに関する裁判所の考え方を伝えておくべきである[122]。

また,弁護人において,起訴前鑑定の内容を検討するに当たり,理解できない部分があったり,趣旨を確認したい点があったりする場合,まずは,鑑定人に直接尋ねて確認することが最も有効である[123]。鑑定書では判然としなくても,直接聞くと理解できることが多いのはカンファレンスの経験からも明らかである。裁判所も,早期打合せの機会に,弁護人が鑑定書の内容に関して聞きたいことがある場合の進め方について,あらかじめ,検察官・弁護人で調整するように働きかけておくべきである。

---

[121] 起訴前鑑定は,50条鑑定と比較しても,鑑定人の能力,鑑定資料,鑑定手法に大きな差異があるわけではなく,事件当時に近接して行われることが多いため,被告人の事件当時の精神症状をより反映し易いという面もある。弁護人としても,鑑定書のうち,責任能力の判断に関する部分を除外し,「生物学的要素である精神障害の有無及び程度並びにこれが心理学的要素に与えた影響の有無及び程度」及び「精神障害(の症状)の有無とこれが犯行に影響を与えた機序」に限って検討すれば,その内容に基本的には異論がなく,それをベースに,責任能力に関する主張を構成することができるというケースも相当数あるように思われる。

[122] 弁護人が鑑定書を検討する際の視点については,後記(イ)の「起訴前鑑定がある場合に,50条鑑定の請求を基礎づけるためにどのような主張をしたらよいかわからないという点について」で論じる。

[123] もっとも,鑑定人は誰が弁護人であるかを知らないであろうし,果たして弁護人の疑問に直接返事をしていいのかが分からないという鑑定人経験者の声もある。それゆえ,まずは,検察官を通じて弁護人の要望を連絡してもらうのが望ましい。検察官も,弁護人から要望があった際には,積極的に連絡調整を図るべきである。

㈥ 起訴前鑑定がある場合に，50条鑑定の請求を基礎づけるためにどのような主張をしたらよいかわからないという点について[124]

　　a　最高裁判例によれば，精神障害の有無及び程度並びにこれが心理学的要素に与えた影響の有無及び程度については，精神鑑定がある場合には，鑑定人の公正さや能力に疑いが生じたり，鑑定の前提条件に問題があったりするなど，これを採用し得ない合理的な事情が認められるのでない限り，その意見を十分に尊重して認定すべきであるとされている（最二小判平成20年4月25日刑集62巻5号1559頁）。起訴前鑑定についても，鑑定人の公正さや能力に疑いがあったり，鑑定の前提条件に問題があったりするなどの事情がない限り，その意見は尊重されることになるから，弁護人としては，起訴前鑑定を尊重し得ない事情，具体的には，①鑑定人の公平さに疑いがあること，②鑑定人の判断手法に問題があること（例えば，機序が十分説明できておらず，実質的に不可知論に立脚しているとみられるような場合），③鑑定の前提や

---

[124] 起訴前鑑定がある場合に，50条鑑定を請求するためにはどのような主張をすべきかについて，裁判官も含め，法律家の間に共通認識がないように思われる。例えば，7つの着眼点に基づいて被告人には責任能力がない旨の主張をするのみで，起訴前鑑定の問題点を何ら主張せず，裁判所から，起訴前鑑定の問題点を主張するように促されても，7つの着眼点に基づく自らの主張と起訴前鑑定の結論が異なっていることだけを主張し，本来するべき主張をするまでに相当の長期間を要した事例があることは前記のとおりである。また，私的鑑定を依頼し，その私的鑑定に基づき，起訴前鑑定の判断とは異なる精神障害の存在や責任能力に関する主張をする事例も相当数存在している。そのような事例の場合，私的鑑定が出されるまでに相当期間を要するのみならず，検察官がその見解に対し，起訴前鑑定をした鑑定人の意見を聴取して詳細な反論を試みる傾向もみられ，その反論にも相当の期間を要している。その中には，起訴前鑑定に対して弁護人が疑問を抱いているのは，医学的評価である生物学的要素の部分ではなく法的評価の部分であるのに，両者を区別して議論せず，また，裁判所も適切な訴訟指揮をしなかったため，起訴前鑑定全体が争点であるかのような様相を示していたに過ぎない事例もあった。

　起訴前鑑定がある場合に，その鑑定自体の問題点を主張しないまま，7つの着眼点に基づく主張をしたり，別の私的鑑定による判断内容を主張したりするだけでは，裁判所は，50条鑑定を採用しないのが通常である。7つの着眼点に基づく弁護人の主張は，往々にして，被告人の精神障害が犯行に与えた影響のうち，責任能力を肯定する方向に関する事情にはあまり触れないで，責任能力を否定する方向に関する事情を重視したものとなりがちである上，それだけでは，起訴前鑑定の内容を尊重し得ないような事情の主張とはなり難い。また，判断の基礎資料が同じであれば，精神障害の病名は精神科医によって異なり得るものの，精神障害があることとその精神障害が犯行にどのように影響したのかという機序の部分については，司法精神医学の専門家である限り，意見が異なるということはあまり無いという司法精神医学の専門家の指摘がある。それゆえ，私的鑑定に基づき異なる病名等を主張してもあまり意味がない。加えて，被告人が身柄拘束を受けている場合，私的鑑定では身体的・心理的検査が困難な上，面接時間もかなり制限されているなどの制約があり，起訴前鑑定自体に問題がなければ，起訴前鑑定よりも，その判断の妥当性が劣らざるを得ないのが一般的である。もっとも，実際の起訴前鑑定の中には，精神障害の存在と犯行に与えた機序の部分を合理的若しくは説得的に説明できていないものや，鑑定の判断内容が分かりにくいものもある（「機序」がきちんと説明できていない場合は，実質的には「不可知論」と評価できる。）。このような場合，弁護人としては，起訴前鑑定の前提や判断手法の問題点をできるだけ具体的に指摘すべきであろう。

　　　　基礎資料に誤りがあることなどを主張すべきである。裁判所としても，早期打合せ等において，弁護人に対し，主張してほしいポイントを説明しておくべきである。
　　ｂ　弁護人としては，鑑定書の判断が前提としている事実関係やその資料を正確に理解し，その前提が正しいのかどうかを検討することが重要である。その前提が正しいかどうかを検討するに当たっては，検察官から開示された鑑定の基礎資料や他の開示証拠を検討するほか，被告人やその家族等から必要な情報を聞き取ることなどが有意義であると思われる[125]。

(ウ)　**弁護人は，協力医を探してその見解を前提に主張しようとするが，協力医の確保に時間がかかる上，協力医に依頼した後は，法律的評価を含めて，その意見又は鑑定書に依存してしまうという点について**

　　責任能力に関する主張をしようとするのであれば，起訴前鑑定と私的鑑定の対立構造とするのではなく，起訴前鑑定の問題点を指摘して，50条鑑定の請求をすることを検討すべきである。鑑定の前提に関する問題点などは，弁護人限りで検討して指摘できるのであって，協力医の判断を必要としないことがかな

---

[125] 起訴前鑑定があるにもかかわらず，50条鑑定が採用されている実例を見てみると，(a)被告人の心身の状態が逮捕当初から次第に改善されており，それは拘置所等で処方された向精神薬が効いてきている結果と考えられるのに，鑑定書にはその点を考慮した形跡がないこと，(b)起訴前鑑定では妄想の存在は前提となっていなかったが，被告人は，鑑定終了後に妄想の存在を弁護人等に打ち明けるとともに，起訴前鑑定の際にその点を話さなかったのは，その鑑定人自体が妄想の対象となっていたためであるなどとそれなりに合理的な説明をしていること，(c)起訴前鑑定では，被告人の述べる妄想は犯行後に生じた追想妄想であるとし，その根拠として，犯行前にはその妄想を話していないことや被告人の供述調書（乙号証）にその旨の記載がないことなどを挙げているが，妄想が活発化した時期には通院等をしておらず，話をする相手がいなかったにすぎず，また，犯行直後の被告人の自筆の供述書には妄想内容が記載されていたのに，これらのことを考慮していなかったことなどが，裁判所において50条鑑定を採用した実質的理由であるとうかがわれた。これらは，いずれも鑑定の前提条件に問題がある実例であり，その主張は，協力医の判断がなくとも，弁護人の検討だけで可能であったように思われる。

りある[126][127]。

　これは，弁護人が責任能力の検討を始める前に，知っておくべきことであり，裁判所としても，早期打合せ等の機会に必要に応じて，協力医の有効性についての裁判所の考え方を弁護人に伝え，それを踏まえた対応を求めるのが相当である。

(2)　【第2フェイズ】50条鑑定の請求の採否等に関する裁判所の判断段階
ア　問題状況

　起訴前鑑定がある場合に，弁護人は，どのような主張をすることが期待されるのかについては前記(1)イ(イ)のとおりである。起訴前鑑定の具体的問題点を指摘していない予定主張記載書面とともに，50条鑑定の請求をしても，その必要性は明らかとならない。しかし，そのような場合に，裁判所が適切に訴訟指揮をせず，鑑定の採否を留保しつつ，検察官にその書面の内容を検討させ，反論をするように促している事例も見られる。

　他方，弁護人において，鑑定人の判断手法の問題点や鑑定の前提の誤りをそれなりに主張し，検察官がその点に対する反論をしているにもかかわらず，裁判所が鑑定の採否を直ちに決めず，最終的な判断までに時間を要しているものも相当数ある。その中には，

(ア)　50条鑑定の請求の採否の判断ができるだけの双方の主張がありながら，裁判所が，相手方の主張に対する更なる反論を求めるなどして，なかなか決断をしていないもの

(イ)　起訴前鑑定の前提やその資料に問題があるとの指摘に理由がありそうな場合

---

[126] 協力医に全面的に依存することの問題点とこれに対する対策は，これまで述べてきたことの再確認となる。弁護人が起訴前鑑定に不満を持つ点が医学的評価である生物学的要素の部分にあるのか，法的評価の部分にあるのかを検討し，後者だけであれば，協力医の意見を求める必要はない。鑑定書の内容に疑問がある場合には，まずはその鑑定人に説明を求めるのが有意義である。また，起訴前鑑定の問題点を具体的に指摘できないのであれば，私的鑑定をしても，その妥当性には限界があり，二つの鑑定を対比した場合に，私的鑑定の方が信用できるということは極めてまれである。

[127] 第一に，鑑定人の公平さに疑いがあることを指摘できることはまれであろう。第二に，鑑定人の判断手法については，経験豊富な法律家であれば，それなりに分かることが多いが，操作的診断における診断基準該当性の判断等は，専門的知識や経験を要するため，鑑定人の判断手法が正しいかどうかについて，他の精神科医に検証してもらうことが有意義な場合があると思われる。第三に，鑑定の前提や基礎資料に誤りがあることについては，法律家として主張できることが多いと思われるが，例えば，鑑定が前提としていない事実が被告人の精神症状を判断する上で重要かどうかなどについては，精神科医のアドバイスを得る必要があることもあるであろう。後者の二つは，いずれも，他の精神科医（協力医）に対し，起訴前鑑定を尊重し得ない事情があるかどうかに関する判断を求めるものであり，その目的は，50条鑑定をするかどうかの検討のためである。その限りでは，協力医の判断を求めることにも意義がある。

　それに対し，協力医に対し，精神鑑定そのもの，すなわち，被告人の犯行当時の精神状態，精神障害の有無や内容及びそれが犯行に与えた影響の機序等についての判断を求めるのは，50条鑑定を採用する理由とはならず，また，判断の妥当性も起訴前鑑定に劣ることから，合理性がないと思われる。

に，その後の手続をめぐって揉めるなどし，時間を要したもの
　　　(ウ)　50条鑑定を実施するに当たって鑑定人や鑑定資料の選択に時間を要したものなどがあった。
　イ　あい路と対策
　　(ア)　**50条鑑定の請求の採否の判断ができるだけの双方の主張がありながら，裁判所が，相手方の主張に対する更なる反論を求めるなどして，なかなか決断をしないという点について**

　　　裁判所において，起訴前鑑定がある事件でどのような場合に50条鑑定を採用すべきかについて，きちんとした見解を持っていないことが原因であると考えられる。
　　　弁護人は，①鑑定人の公平さに疑いがあること，②鑑定人の判断手法に問題があること，③鑑定の前提やその資料に誤りがあることなどを主張すべきであり，検察官の反論もその点に絞ったものが求められる。そして，裁判所は，その当否が判断できる段階になり次第，迅速に50条鑑定の採否を判断すべきであり，通常の事案であれば，弁護人の主張と検察官の反論がそれぞれ1回行われれば，判断できることが多いと思われる[128]。
　　　また，裁判所としても，検察官及び弁護人の主張だけで判断できない場合には，必要に応じて，50条鑑定の採否を決するための事実の取調（刑訴法43条3項）として起訴前鑑定の鑑定書を確認することも検討すべきである。
　　(イ)　**起訴前鑑定の前提やその資料に問題があるとの指摘に理由がありそうな場合に，その後の手続をめぐって揉めるなどして，時間を要しているという点について**[129]

　　　起訴前鑑定の前提やその資料が誤っているかどうかは，多くの場合，鑑定書とその基礎資料を確認すれば分かるのであるから，検察官は，鑑定人にその検討を丸投げすることなく，直ちに，弁護人の指摘が正しいかどうかを検討し，反論があればすべきである。弁護人の指摘に理由があるように見える場合，検察官限りで，鑑定人に追加の意見書の作成を依頼すると，その指摘内容如何によっては，追加の意見書の作成に時間を要したり，弁護人が追加の意見書の信用性を争ったりして，直ちに50条鑑定をするより時間を要することがあるから，

---

[128] 複数回にわたって主張の応酬がされている事例をみると，複数回にわたる書面の実質的中身はほとんど同じであることが多いのが実情である。
[129] 弁護人が起訴前鑑定の前提やその資料が誤っている旨の指摘をして50条鑑定の請求をすると，検察官は，その指摘が正しいかどうかどうかを鑑定人に確認した上で，鑑定人に改めて追加の意見を求め，弁護人の主張する事実や資料を前提にしても元々の鑑定書の結論には変わりがない旨を説明する意見書を作成してもらい，それを書証として請求し，50条鑑定の採用に反対することが多い。その過程で，追加の意見書の作成に時間を要したり，弁護人が追加の意見書の信用性を争い，さらなる反論書を作成するなどして時間を要した挙げ句，結局，50条鑑定を採用するに至ったような例もみられる。

追加の意見書の作成を依頼する前に，弁護人や裁判所を交えて，今後の進行を協議するのが相当である。

その際には，弁護人の指摘内容には様々なものがあり得ることを踏まえ，その内容に応じて，追加の意見書を作成してもらうか，50条鑑定を採用するかを検討するのが望ましい[130]。

他方，弁護人の指摘する鑑定の前提や資料の問題点が，鑑定人が重要な資料を見落としていたのではないかと疑われるような事項である場合や被告人の精神症状との関連性が強いと思われる事項である場合には，積極的に，50条鑑定を採用するのが合理的であると思われる[131]。

(ウ) 50条鑑定を実施するに当たって鑑定人や鑑定資料の選択に時間を要するという点について

50条鑑定をするという方針が決まり次第，採用決定をするとともに，裁判所が鑑定人を選任し，鑑定人尋問の際に，検察官，弁護人の双方から必要な鑑定資料を鑑定人に交付すべきであるが，鑑定をするという方針が決まっているにもかかわらず，鑑定人を誰にするかを決めるのに時間がかかったり，鑑定人に交付する鑑定資料に争いがあって，それを決めるのに時間がかかっていたりする例がある。なお，鑑定の採用決定がされた後に，これらの点に時間を要している例もあるが，便宜上，ここで合わせて検討する。

　a　鑑定人の選択について

鑑定人の選択に時間がかかっている事案の大半は，弁護人が特定の精神科医を鑑定人として推薦している事例である。その場合，裁判所が，検察官に

---

[130] 例えば，被告人の犯行前後の行動など，鑑定の資料である参考人の供述調書の内容を争い，これを前提とすべきではないと指摘している場合には，仮にその事実が認められない場合には鑑定内容に変更があるかどうかを鑑定人に確認し，追加の意見書を作成してもらうのが合理的である。参考人の供述内容が鑑定結果にどの程度影響しているかは，その鑑定人自身が容易に判断し得ると考えられるし，その事実が認められない場合には結論が変わると判断しても，専門家として何ら問題とされるべき点がないので，客観的かつ公平な立場での判断が期待できる。

鑑定書には明示的な記載はないものの，文章全体の趣旨や資料の性質等からすれば，弁護人の指摘する前提や資料を踏まえて判断がなされていると理解できるようにも思われる事項である場合や被告人の精神症状との関連性が比較的乏しいと思われる事項である場合にも，鑑定人に対し，弁護人の指摘する事項をどのように考えたかということや，弁護人の指摘する前提や資料を補充して検討すると鑑定内容に変更があるかどうかについて，追加的に意見を求めるのが合理的である。従来の判断と結論が変わる可能性が低く，弁護人の指摘に対する明確な説明を受けられることが期待できる。

[131] 重要な資料の見落としなど，鑑定人としての資質，能力に疑いを抱かせるような事項である場合，鑑定人がその点を指摘されるのを嫌がり，その重要性を過小に評価したり，従来の鑑定結果を維持する方向性を示したりするおそれがあり，追加の意見書を求めても，その信用性に疑義が生じ，公判前整理手続の長期化原因となる可能性が高い。また，弁護人の指摘する問題点が被告人の精神症状との関連性が強いと思われる事項である場合には，追加の意見書の作成にも時間がかかるし，最初の鑑定書をいったん離れ，新鮮な状態で別の鑑定をした方が弁護人の納得につながりやすいと思われる。

対し，弁護人の推薦する精神科医が鑑定人として適当かどうかの意見を求め，検察官は，弁護人に対し，その精神科医の経歴，鑑定経験等を明らかにするように求め，弁護人が精神科医に問い合わせた上で回答するなどの経緯を経るなどし，検察官の意見が出されるまでに相当の期間を要している。そのような経緯を経ない場合も，検察官は，弁護人がその精神科医を推薦している理由を踏まえ，最終的には，その精神科医を選ぶことに反対することが多い。結局，別の鑑定人を探さなければならないという事態になっている。裁判所が鑑定人を選ぶに当たり，検察官又は弁護人からその候補者の推薦をしてもらったり，検察官又は弁護人から推薦があった際にはそれを尊重したりする実例があるのは，当事者追行主義を意識したものと思われるが，50条鑑定の鑑定人は，裁判所の責務として適任者を選ぶべきであり，検察官又は弁護人の意向を尊重しなければならないというものではない[132]。医療観察法の運用が定着している現在，裁判所において，適当な鑑定人を選ぶのに苦労することは以前よりは少なくなっている。50条鑑定を採用する方向性が決まったならば，裁判所は，検察官又は弁護人の推薦の有無にかかわらず，自らが適当と考える精神科医を鑑定人として選ぶのが合理的である。

b　鑑定資料の選択について

弁護人が不同意書証や事実に反すると考えることが記載されている捜査書類を鑑定資料とすることに反対するなどして，鑑定資料の選択をめぐって時間を要している事例が見られる。また，裁判所が，鑑定資料の選択について，検察官及び弁護人間の協議に委ねてしまい，何が問題とされているのかも不明のまま，鑑定資料がなかなか確定しないという例もある。原因は，鑑定資料の範囲に関する関係者の理解不足のほか，鑑定資料の問題と鑑定方法の問題との混同にあると考えられる。鑑定資料に関しては，何ら制限がないと一般に理解されている。公判で証拠能力を有する証拠に限定されないので，不

---

[132] 弁護人が特定の精神科医を鑑定人として推薦している実例から，その推薦の理由を推察すると，(a)弁護人が協力医として既に接触している場合，(b)これまでの鑑定例から一定の傾向がうかがわれ，弁護人に有利な鑑定結果が出る可能性が高いと考えた場合，(c)被告人の精神障害が非典型的なものであるため，その非典型的精神障害に精通している精神科医が適当であると考えた場合などがある。

しかし，(a)，(b)については，検察官が反対することが多く，最終的にその精神科医を鑑定人として選任している例はかなり少ない。(c)については，特定の非典型的精神障害を専門とする精神科医の場合，臨床に偏っていて司法精神医学に不慣れであったり，先端的で未だ学界全体で共有化されていない考え方に基づく判断をすることもあったりするとの指摘がある。研究員において，鑑定経験が豊富で，司法精神医学に精通した精神科医に相談した限りでは，非典型的な精神障害が疑われる場合には，その精神障害を専門とする医師という観点よりも，一般的な司法精神医学に精通した医師という観点で，適切な鑑定人を選んだ方がいいとの見解が示されている。そうだとすると，(c)についても，弁護人から鑑定人の推薦を受けるのが相当であるとはいえないし，その精神障害を専門とする精神科医を選ぶのが適当であるともいえないことになる。

同意書証等も鑑定資料になることは当然のことである。検察官及び弁護人が鑑定にとって必要だと考える資料をそれぞれ提供するのが相当である。鑑定の前提となる事実関係に争いがある場合には，その事実が存在する場合と存在しない場合に場合分けをした判断を鑑定人に求めれば足りる[133]。

(3) 【第3フェイズ】50条鑑定の請求の採否後の段階

ア 問題状況

50条鑑定の採否を判断すれば，責任能力に関する争点に関し，どの証拠を公判で調べるかが基本的に確定することになる。50条鑑定を採用した場合には，原則として，起訴前鑑定には問題があるという判断をしているはずであるから，50条鑑定の結果だけを調べれば足りるのが通常であるし，50条鑑定を採用しなかった場合には，起訴前鑑定の結果を調べれば足りる。したがって，採否の判断をした段階で，カンファレンス[134]や公判期日の予約をすることが可能であるように思わ

---

[133] 検察官又は弁護人において，鑑定人が鑑定資料を検討するに当たって注意してほしい点がある場合には，書面等でその旨を伝えることも考えられる。相手方の提供した資料に問題があると考えれば，その旨を指摘すれば足りる。例えば，被告人の捜査段階の供述につき，その任意性や信用性に争いがある場合には，弁護人から，その主張内容を記載した書面を交付してその点に関する注意を促したり，弁護人において，捜査段階の取調べ状況に関する被告人の言い分を録取した書面を作成し，鑑定資料に加えれば足りるはずである。

[134] 50条鑑定を採用した場合の鑑定メモ提出後のカンファレンスや，起訴前鑑定の鑑定人とのカンファレンスは，専門家である精神科医の尋問を，効果的にかつ裁判員に分かりやすく行うために，裁判員裁判に適した尋問事項及び尋問方法を定めるために行うもので，裁判所の心証形成を目的とするものではない（東京高判平成27年2月25日東京高等裁判所判決時報（刑事）66巻1＝12号12頁参照）。裁判所がすべきことは，公判の尋問において，精神障害が犯行に影響を与えた機序の説明がなされるようにすることである。精神科医の機序の説明を前提に，7つの着眼点を用いずに精神障害の影響の程度を議論して判決に記載すれば足りることを既に指摘したが，そのような評議，判決ができるような機序の説明を得られるよう，精神科医の機序の説明に不十分な点があれば，この段階のカンファレンスで補足を求めるべきである。

れる[135]。ところが，長期化事例では，
- (ア) 裁判所が50条鑑定の請求について採否の判断をした段階で，公判期日までの予定を立てず，五月雨式に手続を進めているもの
- (イ) 50条鑑定に関する手続が決着した段階（50条鑑定の結果が出たり，50条鑑定の請求が却下されたりした段階）で，弁護人が，別の立証方法として，私的鑑定を目指し，その準備等をしているもの

が見られた。

イ　あい路と対策

(ア) 裁判所が50条鑑定の請求について採否の判断をした段階で，公判期日までの予定を立てず，五月雨式に手続を進めるという点について

a　50条鑑定を採用する場合

(a) 50条鑑定を採用した事案において，鑑定メモ（鑑定書等を含む。）が提出されてからカンファレンスの日程等を決めようとすると，適当な時期に日程を調整できず，カンファレンスの開催時期が遅れる傾向にある。鑑定メモが提出されてからカンファレンスの日程を決めるという流れの原因は，裁判官が，公判前整理手続の進行に関し，全体的なスケジュール感覚を持たず，進行管理に対する意識が乏しいことにあると推測される。意図的にそうしているとすれば，その理由としては，①鑑定メモが期限どおりに出てこないおそれがあること，②鑑定メモの内容次第で，検察官，弁護人がその検討に要する時間が変わり得ることを考慮している可能性がある。

また，カンファレンスを開いてから公判期日を予定しようとすると，同じく，公判期日が遅くなる傾向にある。その流れの原因も，裁判官が公判前整理手続の進行に関し，全体的なスケジュール感覚を持たず，進行管理

---

135 実際の運用をみると，長期化事例では公判期日までの全体的なスケジュール感覚をもって具体的に公判前整理手続を進めているものはかなり少ない。50条鑑定を採用した事案において，鑑定人尋問の際，鑑定メモの提出期限を定めただけで，次回の公判前整理手続期日を追って指定とし，鑑定メモが出てきた段階で，カンファレンスの期日調整をしているために，鑑定メモ提出日からカンファレンスの期日までの間隔がかなり開いているものが見られる。カンファレンス後に公判期日までの予定を立てようとしたものの，想定する時期に鑑定人の都合が付く日がなく，公判期日がかなり遅くなっているものもある。さしあたって行うべき手続が終わってから初めて次の手続を決めるという五月雨式の手続進行は，公判前整理手続をじわじわと長期化させている。

50条鑑定を採用しなかった事案においては，起訴前鑑定の鑑定人とのカンファレンスの期日を定めるとともに，鑑定人と調整の上，公判期日を予定することができるはずなのに，裁判所が，弁護人に対し，責任能力に関する他の立証があるかどうかの検討を促したり，弁護人自ら，別の立証方法として改めて私的鑑定を目指し，その準備等に時間を要している例がある。このような私的鑑定による立証の準備は，50条鑑定の結果が出された場合においても同様に見られる。50条鑑定に関する手続が決着した段階で実施される私的鑑定は，公判前整理手続の長期化の大きな原因の一つである。

に対する意識が乏しいことにあると推測されるが，意図的にそうしているとすれば，③カンファレンスの内容によっては，更にカンファレンスが必要になるおそれがあること，④鑑定内容に不満がある検察官又は弁護人が更なる証拠請求をするおそれがあることを考慮している可能性がある。

(b) しかし，①から④のようなことを考慮して，公判期日までの予定を立てないことには合理性がないと考えられる。

鑑定メモが期限どおりに出てこないおそれ（①）については，司法精神医学に携わる精神科医の中では，期限を遵守することの重要性は周知されている。実際にも，50条鑑定において，期限内に鑑定メモが提出されなかった例はかなり少ないし[136]，期限を厳守する必要性を明確にするためにも，あらかじめ，カンファレンスの期日を予定しておくべきである。

鑑定メモの検討に要する時間が変わり得ること（②）については，鑑定メモの記載事項やそのボリュームはあらかじめ推測が付くから，検察官，弁護人において，鑑定メモの受領からカンファレンスまでに要するであろう時間を推察してカンファレンスの期日を予約することには支障がないはずである。鑑定メモを読んで理解がし易いかどうかについては，ばらつきがあり得るものの，鑑定メモが提出された後に最初に開くカンファレンスは，鑑定人の考え方を正確に理解することを目的としていることが通常であり，鑑定メモに対する疑問点を解消し，その趣旨を正しく理解するためにも，鑑定メモを読んで一応の理解をした段階で早期に最初のカンファレンスを開くのが相当である。

更にカンファレンスが必要になるおそれ（③）については，2度目以降のカンファレンスが必要であるとしても[137]，それほど長期間を要するとは思われない。研究員のこれまでの経験からすると，鑑定メモの提出期限を50条鑑定採用から約2か月後，最初のカンファレンスをその約3週間後とし，公判期日を最初のカンファレンスから約2か月後に予約すれば，仮に2回目のカンファレンスが必要になったとしても，予約した公判期日までに鑑定で説明される機序を前提に主張整理をして公判の準備をすることが可能な場合が多かった。予約した公判期日までに主張，証拠の整理が間に合わない場合には，最初のカンファレンスの直後に公判期日の予約を先に変更すれば済む。

更なる証拠請求のおそれ（④）については，後記(イ)で述べるとおり，50条鑑定の後に，更なる私的鑑定等の立証準備をする必要性は原則として認

---

[136] 医療観察法上の鑑定では期限が守られていることがほとんどであろう。
[137] 2度目以降のカンファレンスの内容としては，1度目のカンファレンスの結果を踏まえてプレゼンテーション用の資料を作成してもらい，公判期日に向けて，その資料に基づく打合せをすることが考えられる。

められないであろう。例外的にその必要性が生じるなどした場合には，最初のカンファレンスの段階で，公判期日の予約を取り消せば足りる。

そうすると，裁判官が公判前整理手続の進行に関し，全体的なスケジュール感覚で進行管理を意識すれば，遅くとも鑑定人尋問の段階で，カンファレンスの期日，公判期日を予約することができるのではないかと思われる。

b　50条鑑定を採用しなかった場合

50条鑑定を採用しなかった事案では，公判審理の基礎となる精神鑑定が起訴前鑑定になることが確定したのであるから，その段階で，起訴前鑑定の鑑定人とのカンファレンスの日を決めるとともに，公判期日を予約することが可能である。この場合も，予約する公判期日は最初のカンファレンスから2か月後であれば準備が可能なことは50条鑑定を採用した場合と同じである。起訴前鑑定の内容に不満を持ち，50条鑑定を請求したものの認められなかった弁護人は，別の立証方法として，私的鑑定を目指し，その準備等をすることがあり，裁判所もそれを許容していることがあるが，合理性がないことは後記(イ)のとおりである。

(イ)　**50条鑑定に関する手続が決着した段階（50条鑑定の結果が出たり，50条鑑定の請求が却下されたりした段階）で，弁護人が，別の立証方法として，私的鑑定を目指し，その準備等をするという点について**

50条鑑定の採否は，起訴前鑑定に関し，①鑑定人の公平さに疑いがあるか，②鑑定人の判断手法に問題があるか，③鑑定の前提や基礎資料に誤りがあるかについて，弁護人及び検察官の意見を聴いた上で，①から③の観点から問題があり，起訴前鑑定を尊重できない場合には採用し，その観点の問題がなく，起訴前鑑定を尊重してよい場合には却下することになる。

そうすると，50条鑑定の請求を却下する場合には，裁判所は，起訴前鑑定に問題がなく，精神障害の有無や内容及びこれが犯行に与えた影響の機序については起訴前鑑定を尊重してよいとの判断をしているのであるから，その後に，弁護人が私的鑑定をしたとしても，その私的鑑定書の取調べやその作成医師の

証人尋問の必要性は認められないであろう[138][139]。

　50条鑑定を採用し，その結果が鑑定メモ等で明らかになった段階で，弁護人が，別の立証方法として，新たに私的鑑定をしたいという意向を示す場合はどうか。信頼性の高い鑑定人を選び，資料の提供等を適切に行えば，原則として，50条鑑定を尊重できる条件が満たされていることになる。その後に，弁護人において，新たな立証方法として，私的鑑定を求めても，その必要性が認められ

---

[138] 長期化事例の中には，50条鑑定の請求を却下したものの，弁護人が私的鑑定をしたいとの意向を示すと，そのための準備を許容している例がまま見られるが，その一定割合は，結局，立証の必要性がないとして，私的鑑定をした医師の証人尋問を却下している。他方，その一定割合は，その準備を許容したのみならず，公判での立証をも許しているが，判決では，診断の手法や被告人との面談時間の制約などの私的鑑定の限界を理由に，その診断結果を否定している。結果的にみれば，結局，時間と費用を無駄にしただけの感がある。

[139] 新たな私的鑑定を許さない場合，弁護人としては，公判において，起訴前鑑定の問題点（①鑑定人の公平さに疑いがある，②鑑定人の判断手法に問題がある，③鑑定の前提や基礎資料に誤りがある）を主張することになる。その場合，起訴前鑑定のうち，精神症状の診断について異論がないものの，それが犯行に与えた影響の機序については異論があるというのであれば，起訴前鑑定に依拠し得ないと考える問題点のほか，7つの着眼点に基づき，被告人の精神障害の影響が鑑定書で述べられているよりももっと大きかった可能性がある事情を主張すればいいはずである。立証責任は検察官にあるのであるから，裁判員も含めて議論をした結果，起訴前鑑定を尊重し得ない事情があるとの判断に至れば，7つの着眼点を利用せざるを得ないことになり，その結果として，精神障害の影響がより大きかった可能性があるという判断になれば，それに応じた形で責任能力の有無の結論が出されることになる。

　そのような争い方になる場合，公判前整理手続における争点整理の結果は，例えば，「検察官は，起訴前鑑定には弁護人が主張するような問題点はなく，その判断を尊重すべきであり【鑑定の信頼性に関する主張】，その判断を前提にすると，被告人には〜〜という精神障害に基づく精神症状があり，それが〜〜という形で犯行に影響を与えたものの，犯行の直接の動機は〜〜という通常の精神状態から出てきた感情に基づくものであるから【機序に関する主張】，精神症状の影響は小さく，被告人は完全責任能力を有していた【結論に関する主張】と主張するのに対し，弁護人は，起訴前鑑定は，被告人に〜〜という精神症状があったという限度では誤りはないものの，その鑑定が機序を検討する際に前提とした事実には，〜〜という問題があることから，被告人の精神症状が犯行に与えた影響に関する部分の判断をそのまま尊重することはできず【鑑定の信頼性に関する主張】，被告人の動機形成過程は〜〜とみるべきであって，全く了解できず，そのために〜〜という不合理な行動がとられたと考えられることなどからすると【7つの着眼点に基づく主張】，被告人の精神症状が被告人を犯行に駆り立てたといえ，その影響は大きく，心神耗弱の状態であった【結論に関する主張】」といった形になるであろう。

　起訴前鑑定のうち，精神症状の診断についても異論がある場合も同様である。弁護人としては，証拠としては，鑑定の前提事実が誤っていることを立証する証拠を提出したり，鑑定人に対する反対尋問において起訴前鑑定の問題点を明らかにしたりするといった活動をすることになる。

ないのが通常である[140]。

そうすると，裁判所としては，50条鑑定の結果が出された後に，弁護人から私的鑑定をしたい旨の意向が示された場合には，これまで述べてきたような考え方を説明し，新たな事情がない限り，その必要性が認められない旨の見解を明らかにすべきである。

また，50条鑑定の結果が出た後に紛議が生じないように，50条鑑定を採用する段階で，以上のような考え方を説明し，新たな事情がない限り，再鑑定や私的鑑定の必要性は認められない旨を説明しておくのが相当である。そうすれば，50条鑑定の鑑定人尋問をする段階で，カンファレンスの期日とともに，公判期日の予約をすることができると考えられる。新たな事情が生じたとすれば，その段階で，予約を取り消せば足りる。

3 起訴前鑑定がない場合

(1)【第1フェイズ】50条鑑定の請求の準備に関する検察官及び弁護人の検討段階

ア 問題状況

起訴前鑑定がない場合についても，長期化事例では，私的鑑定がからむなどし，弁護人において50条鑑定の請求に至るまでにかなりの時間を要していることが多い。

50条鑑定の請求までに時間を要する原因としては，弁護人が，

① 責任能力を争うかどうかの見込みをなかなか示さない，

② 起訴前鑑定がない場合に，50条鑑定の請求を基礎づけるためにはどのような主張をしたらよいかわからない，又は誤解がある，という点が挙げられる。

イ あい路と対策

(ア) 責任能力を争うかどうかの見込みをなかなか示さないという点について

弁護人が責任能力を争うかどうかの見込みをなかなか示さない原因としては，どの程度の事情を主張すれば責任能力を争うことができるのかが分からない（後記(イ)と共通する事情）ということのほか，弁護人の主張はすべての証拠の開示を受けた上で十分な検討を経てから行うべきであるとか，いったん主張をした後にその主張を変更すると不利に扱われるおそれがあるといった考えがあると思われる。

---

[140] そのような新たな立証が許されるのは，50条鑑定に関し，①鑑定人の公平さに疑いがある，②鑑定人の判断手法に問題がある，③鑑定の前提や基礎資料に誤りがある，という場合ということになるが，裁判所が主体的に鑑定人を選ぶ限り，①の問題が生じることは考え難い。また，裁判所は，経歴等やこれまでの鑑定実績を踏まえ，適切な判断手法を用いる能力を有する鑑定人を選んでいるはずであり，そうしている限り，②の問題も通常生じない。③は，鑑定の資料や手法次第であるものの，事実関係に争いがある点については場合分けをした判断を求めるとともに，検察官及び弁護人のそれぞれが鑑定にとって必要と考える資料を提供し，留意してほしい点を伝えるようにすれば，特段の事情が新たに生じない限り，鑑定の前提や資料に誤りが生じるということもないはずである。

しかし，公判前整理手続の途中過程における主張は，その後の争点及び証拠の整理を円滑に進めるための手段であって，いったん主張をしたからといって，その後の主張変更を被告人及び弁護人に不利に扱うべきではない。とりわけ，責任能力に関する主張は，被告人の供述内容に基づくものではなく，弁護人の法律家としての視点に基づく主張であるから，公判前整理手続の途中過程で変遷があったところで，これを被告人に不利に扱う余地もない。加えて，公判前整理手続の早期の段階で，責任能力を争う可能性を明示すれば，その点に関する証拠の任意開示による資料の収集（例えば，病院の通院記録，少年時の社会記録，前科前歴の事件記録等）が進む上，50条鑑定の採否に関する裁判所の基本的な考え方を聞き，それを踏まえた主張，立証の準備を早期に行うことができる。被告人の精神状態は時間の経過とともに変化するため，できる限り早期に50条鑑定をすることが望ましいこともあり，弁護人として，できる限り早く責任能力を争う可能性を明らかにすることが有意義であることを認識する必要がある。

　検討資料の入手に関しては，起訴前鑑定がない場合であっても，簡易鑑定書やその資料（例えば，精神科の入通院記録等），被告人の日頃の性格を明らかにする上で役立つ家族の供述調書など，任意開示の対象とすべき証拠があることもある。弁護人としては，早急にこれらの証拠の任意開示を求めるべきである。

　裁判所としては，弁護人に対し，早期打合せの機会等に，以上の点についての裁判所の基本的な考え方を示した上，責任能力を争う見込みを確認し，後記(イ)のとおり，50条鑑定の請求をするためにはどのような主張が必要であると考えているかということなども説明するのが相当である。

(イ) **起訴前鑑定がない場合に，50条鑑定の請求を基礎づけるためにはどのような主張をしたらよいかわからない又は誤解があるという点について**

　a　起訴前鑑定がない事件の場合，被告人の精神障害の有無・内容及びこれが犯行に与えた影響の機序を直截に明らかにする証拠がないため，不慣れな弁護人だと，責任能力を争うかどうかの見通しが立てられずに，打合せや公判前整理手続において，責任能力を争う見込みがあるかどうかを明らかにしないまま，協力医を探し，その診断を求めることが多く，また，50条鑑定の請求をするために，私的鑑定をして，その鑑定結果に基づく主張をすることが

多い[141][142]。

　しかし、起訴前鑑定がないということは、被告人の精神障害の有無・内容及びそれが犯行に与えた影響の機序を直接明らかにする証拠がないということである。被告人の精神障害の有無・内容及びそれが犯行に与えた影響の機序については、精神医学の本分であるから、他の証拠等からそれらの点に関する疑問が生じれば、裁判所としては、その点を解明するため、精神科医の専門的知見を借りる、つまり、50条鑑定をすべきということになる[143]。

　したがって、弁護人としては、私的鑑定をして、被告人の精神障害の内容を解明し、それが犯行に影響を与えた機序を積極的に主張立証する必要はなく、被告人に精神障害の疑いがあり、それが犯行に影響を与えた疑いがあるという事情を主張すれば足りる。

　公判前整理手続で7つの着眼点に基づく主張が有用なのは、このように、起訴前鑑定がない場合に50条鑑定の請求をする場面である。犯行動機が了解困難であったり、犯行の異常性が元来の性格から見てかなり異質であったり、犯行に一貫性や合理性がなかったりしていれば、その犯行には精神障害の影響がかなりあるのではないかとの疑いを抱かせる。7つの着眼点は、機序の説明が明確でなかったり、そもそもその説明がなかったりした場合に、法律家が責任能力を考える際に分析の指標として用いていたものであるから、精神科医の協力を得なくても、法律家の観点から、弁護人限りで十分に主張が

---

[141] 弁護人によっては、50条鑑定の請求のためではなく、私的鑑定によって、精神障害の有無や内容及びこれが犯行に与えた影響の機序を立証しようと考えている場合もある。しかし、私的鑑定にはその手法や時間的制約等から限界があるため、最終的には、50条鑑定の問題とならざるをえない（弁護人として私的鑑定のみで立証する方針をとっても、検察官がその内容に納得しなければ、検察官から50条鑑定の請求がなされることもある。）。

[142] 起訴前鑑定がない事件では、起訴前鑑定がある場合とは異なり、責任能力を判断する上で前提となる資料が少ない上に、協力医がある程度の時間をかけて被告人と面接し、精神障害の有無や内容等を診断する必要があるため、協力医を見つけ出すのに苦労するとともに、協力医に依頼してから意見書の提出を受けるまでの時間も長くなりがちである。

[143] 実際の運用としても、通常人の感覚からすると、精神障害の影響でその犯行が行われたのではないかという疑いを抱く可能性があると考えた場合には、裁判員の理解や責任能力に関する適切な判断のために、幅広く50条鑑定を採用するようになっている。

できる[144]。

　　b　弁護人の中には，裁判所が50条鑑定を採用する際のハードルが高く，鑑定を採用してもらうためには精神科医の私的鑑定又は意見書が必要であると考えている者もいると思われる。

　裁判所は，弁護人に対し，50条鑑定の採用に関する基本的な考え方，すなわち，①ある程度の必要性が認められれば，幅広に鑑定を採用すること，②請求に当たっては，原則として，医師の意見書を必要とせず，法律家から見て，責任能力に疑いを抱かせるような事情（例えば，7つの着眼点に関する事情）をまず主張すべきであること，③鑑定をする必要がある場合には，適切な鑑定をするために，精神障害の状況ができる限り変化しないうちに鑑定をしたいので，早急に主張すべきことを伝えるべきである。

(2)　【第2フェイズ】50条鑑定の請求の採否等の裁判所の判断段階
　ア　問題状況

　弁護人が，被告人に精神障害の疑いがあり，それが犯行に影響を与えたのでないかという疑いを抱かせるような事情を主張すれば，裁判所は，検察官に対し，その点に関する法律家としての反論を求めるべきである。これらは，法律家の観点からの主張であり，精神医学の本分に属する主張ではない。裁判所は，その主張と反論に基づき，50条鑑定の必要性を判断すべきである。通常は，それぞれ1回主張させれば，その判断ができると思われる。それにもかかわらず，例えば，検察官が簡易鑑定をした精神科医に相談し，精神医学に関わるような主張を付け加えたりすると，弁護人がその点に関する再反論をしようと試み，結局，このような主張の応酬で，公判前整理手続が長期化している例がある[145]。

　イ　あい路と対策

　50条鑑定の採否を判断できる状態となっているのに，裁判所がなかなかその判

---

[144] 被告人が精神科に入通院していたという事情や，被告人の発言にまとまりがなく，支離滅裂であったり，一定の思考に強いこだわりを見せたりするという被告人の接見時の異常な言動も，被告人に精神障害があるのではないかという疑いを抱かせる。これらの主張も，通常は，弁護人限りで主張できる。
　もっとも，弁護人としては，例えば，犯行に異常性等を感じたり，あるいは，接見時の言動に普通の人とは異なる部分を感じたりするものの，明らかに異常とまでいえないような場合において，重い刑が予想されるようなときには，最善を尽くすため，自分が感じる異常さが精神障害に由来するものかどうかを精神科医に確認したいということはあり得ると思われる。その場合には，協力医に対し，精神障害の疑いがあるか，それが犯行に影響した可能性があるかという観点から，正式鑑定をした方がいいかどうかを検討してもらうのが合理的である。これまで述べてきたとおり，被告人の精神障害の有無・内容やそれが犯行に影響を与えた機序についての意見を求めるのは，相当ではない。そのような私的鑑定は，かなり時間を要する上，50条鑑定が採用された場合には，私的鑑定の限界から判断の妥当性に限界があるからである。50条鑑定の必要性を判断するための検討であれば，簡易鑑定と同趣旨であり，弁護人の目的に沿い，短期間で実施することが可能であろう。

[145] 検察官が精神科医に相談して主張をしているということ自体，精神科医の意見が必要であることを示しており，そのような事情は50条鑑定を採用する方向に働くものといえる。

断をしない原因は，裁判所自身が，起訴前鑑定がない事件でどのような内容の主張があれば50条鑑定を採用すべきかについて，これまで述べてきたような見解を持っていなかったり，その具体的な基準をあいまいに理解していたりしていることが挙げられる。この点については，これまで述べてきたとおりである[146]。

(3) 【第3フェイズ】50条鑑定の請求の採否後の段階

裁判所が50条鑑定の請求について採否の判断をした段階で，公判期日までの予定を立てず，五月雨式に手続を進めるという傾向があり，公判前整理手続の長期化を招いていることは，起訴前鑑定がある場合と変わりがない。50条鑑定を採用した場合には，カンファレンスの期日や公判期日を予約することに合理性があり，そうすべきであることも，起訴前鑑定がある場合と同様である。

50条鑑定の請求を却下した場合には，裁判所としては，精神科医の専門的知見を借りなくても，被告人に精神障害の疑いがないか，精神障害があったとしても犯行への影響が小さいという暫定的な判断ができた場合ということになる。幅広く50条鑑定を採用するという方針からすれば，普通の人であってもその点に具体的な疑問を抱くような事情はないという判断をしたことになるから，私的鑑定書やその作成者の証人尋問の必要性は認められないということになろう[147]。

50条鑑定の請求が却下された後に，弁護人が私的鑑定をしようとした場合には，私的鑑定を採用する見込みがない旨を説明し，公判期日を予約すべきである。

4 その他

責任能力が問題となる場合において，その点に関する争点と証拠の整理だけに焦点が当たってしまい，他の争点や証拠の整理が疎かになっている例がある。

他の争点やその証拠の整理も並行して行い，責任能力に関して公判期日が予約できるようになった段階では，他の争点と証拠の整理も終えられるようにしておくべきである。

---

[146] なお，重大事件において，精神障害の存在が認められるために責任能力が争点となっている場合には，責任能力自体の判断は容易にできるとしても，量刑評議において，精神障害が行為に与えた影響の程度を検討する必要が生じ，医学的評価が議論になることは避けられない場合もあると思われ，情状鑑定の観点も含め，幅広く精神鑑定をすることには十分な理由があると考えられる。

[147] それにもかかわらず，弁護人が，私的鑑定を行い，これによって立証しようとする例がみられ，公判前整理手続の長期化を招いている。必要性のない証拠調べをするのは審理を混乱させるだけであるし，私的鑑定を許さないからといって，弁護人が，公判において，責任能力に関する自らの主張をしてその防御権を行使することを制限するものではない。すなわち，起訴前鑑定がなく，50条鑑定の請求も却下された場合には，弁護人は，公判において，7つの着眼点に基づき，被告人に精神障害の疑いがあり，それが犯行にかなり影響した可能性があることを主張立証すればいいのであり，検察官も，7つの着眼点に基づき，被告人に精神障害の疑いがないか，あったとしても犯行への影響が小さいことを主張立証することになる。立証責任は検察官にあるのであるから，被告人に精神障害の疑いがないか，あったとしても犯行への影響が小さいことが明らかにならなければ，心神耗弱との結論になるだけのことである。その場合の公判前整理手続における争点整理の内容は，7つの着眼点に基づくことになるが，その具体的な評価は公判での証拠調べに基づいて行われるべきであるから，争点整理は，せいぜい，証拠調べの範囲を決する上で重要な双方の主張の骨子を明らかにする程度で足りるであろう。

| コラム5　被告人の暴行・死因・因果関係が問題となる場合の争点及び証拠の整理 |

1　問題状況

　研究員が検討対象とした長期化事例の中には，傷害致死等の被害者が死亡している事件において，被告人の暴行（故意による人の身体に対する有形力の行使）・死因・因果関係のいずれかが争われる事案で，実質的な争点が明らかになり必要な証拠調べの範囲が確定されるまでにかなりの時間を要しているものが相当数存在した。

　上記の事例に共通して見られた現象は，次のとおりである。

　すなわち，検察官が，証明予定事実記載書において，時系列に沿って，

　「被告人は，（犯行日時・場所の記載），被害者に対し，

① 【暴行の内容】（例えば，その顔面や胸腹部を平手や手拳で殴るという暴行）を加えた。そのため，被害者は，

② 【傷害の内容】（例えば，多発外傷等の傷害）を負った結果（死亡日時・場所の記載），

③ 【死因の内容】（例えば，上記傷害による外傷性ショック）で

④ 死亡した」

という事実経過のみを記載し，これに対して弁護人は「因果関係を争う」といって問題意識は示すが，検察官は証拠構造型の証明予定事実記載書を提出することなく，弁護人が予定主張等の反論を検討する。そして，被告人の暴行や死因又はその間の因果関係という密接に絡み合う法律要件のうちのいずれが争点なのか，その争点を判断する上でどのような事実又は証拠がポイントとなるか，ということが明確にならないまま，公判前整理手続が長期にわたって進行する，というものである[148]。

---

[148] 例えば，①初回の打合せにおいて，弁護人が，死因を争う意向を示すとともに，協力医に依頼して，司法解剖をした医師の鑑定書についての意見書又は協力医による鑑定書の請求を考えていると述べて，予定主張記載書面の提出時期を5か月後とすることを求めて裁判所がこれを許容したが，結局，争点整理に役立つような意見書が請求されることなく，起訴後約1年半が経過して，検察官が証拠構造型の証明予定事実記載書を提出することにより，ようやく争点の整理が進み，しかも，司法解剖をした医師の鑑定書には何ら争いがなく，実質的な争点が，被害者による自傷行為又は事故等の可能性の有無であるとされた事例，②検察官から，当該被害をもたらした暴行を被告人が加えたことについての証拠構造が示されなかったため，争点が「暴行が加えられたと考えられる時間帯に被害者に接触したのは被告人のみであるか」という点であることが浮かび上がるまでの間に，多数の求釈明要求が繰り返された事例，③検察官及び弁護人間で物語式の長文の証明予定事実記載書と予定主張記載書面が応酬されているものの，検察官から，被告人の暴行・死因・因果関係に関連する証拠構造が示されなかったため，死因等の鑑定書の内容には問題がなく，争点が被告人による暴行の有無であることが確定するまでに長期間を要した事例などがあった。

　なお，協力医への依頼に関しては，弁護人が長期間かけて協力医の見解を得たものの，協力医の意見も解剖医の見解と実質的に差異がなかった事例などもあった。

2 あい路

　被告人の暴行・死因・因果関係が問題となる事案において争点整理が円滑に進まない原因の一つは，複数の要証事実が一連の流れを形成しつつ相互に密接に関連しているため，実質的な争点がなかなか浮き彫りにならないということがあると考えられる。
　すなわち，被告人の暴行・死因・因果関係といった要証事実は，単純化すると，下の図1のように，上流から下流に向かって一つの流れを形成している。

【図1】

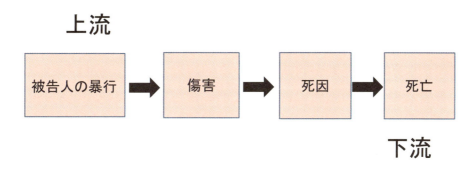

　もう少し分析的に，証拠構造をも踏まえた相互の関係とその密接関連性を図示すれば，下の図2のとおりである。

【図2】

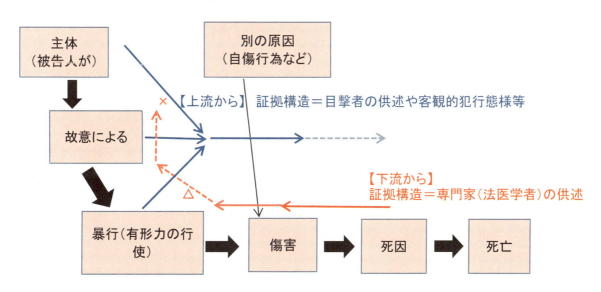

　まず，「被告人の暴行の具体的内容」からその後の因果の流れを推認させるという証拠構造（図1では「上流」と記載した方向からの立証）をみると，被告人の行った暴行の具体的内容が判明すれば，その暴行が原因で傷害の結果が発生し，それが死因

を形成したことを相当程度推認させるという関係がある[149]。しかし，反対仮説として第三者の暴行や自傷行為の存在が考えられる場合には，被告人の暴行の具体的内容が判明しただけでは，それが唯一の発生原因とは言い切れないということになる[150]。

他方，「被害者の死因の具体的内容」からそれ以前の因果の流れを推認させるという証拠構造（図1では「下流」と記載した方向からの立証）をみると，被害者の身体の状況のほか，特定の死因が明確になれば[151]，それによってその死因の発生原因となった有形力の内容が相当程度推認されるという関係がある[152]。しかし，身体の状況や死因によって推認される有形力の内容からは，有形力を加えた手段，方法，回数等についてはある程度抽象化された推認しかできないことが多い。また，外傷の状況等によっては，故意による有形力が被害者に加えられたことを推認できる場合もあるが[153]，それを超えてその有形力の行使の主体は誰であるかについて，さかのぼって推認することはできない。

実際に法医学の専門家が判断している内容は，大きく分けると，

① 被害者の身体の状態の認識[154]とそこから推察される直接的死因の判断[155]，

② （前記①の認識・判断を前提とした上で，）被害者にどのような外力又は有形力が加えられたと判断できるかということに関する考察[156]，

③ （他の証拠等により，被告人が加えた暴行の内容を捜査官が具体的に想定している場合には）想定される暴行を被告人が加えたと仮定した場合に，被害者の身

---

149 例えば，被告人が被害者の後頭部を鈍器で一度強打し，その直後に病院に搬送されて死亡したという場合には，被告人の暴行が原因であることは，司法解剖を行った解剖医の鑑定書がなくとも，相当程度強く推認できるであろう。

150 例えば，被告人が被害者の頭部をげん骨で殴打し，被害者が死亡したとすれば，脳内に何らかの外傷性の損傷が生じたことが死因になったと考えられるものの，第三者も別の機会に被害者の頭部を殴打したり，被害者自身が転倒して頭部を殴打したりした可能性があれば（例えば，被告人の殴打行為から相当時間経過後，被害者の状態に異変が生じた場合），その可能性が強いほど，被告人の暴行と死因との間の因果関係の存否に疑問が生じてくるであろう。このような場合，因果関係を認定するには，下流からの何らかの立証が必要になる。

151 多くの事件では，司法解剖の結果によって，身体の状況や死因自体は客観的に明らかとされていることが多い。

152 例えば，司法解剖を行った解剖医の鑑定書によって，被害者の死因は後頭部の脳挫傷及び硬膜下血腫であると判断されている場合，傷の形状等とその死因とを総合して，かかる死因は鈍体による相当に強い打撃が頭部に少なくとも3回以上加えられたといったことが推認できるであろう。

153 例えば，被害者の身体の状況から，鋭利なもので刺されたことが分かる場合には，通常の状況であれば，誰かが故意に鋭利なものを刺さない限りは，このような傷は生じないという意味で，事件性まで推認できる場合が考えられる。

154 例えば，「～の部位に～程度【量，重さ，広さ等】の血腫あり」「～の動脈に～程度【深さ，幅等】の損傷あり」などの認識。

155 例えば，「～動脈損傷による失血死」など。

156 例えば，「鈍体による相当に強い打撃が頭部に少なくとも3回以上加えられたと考えられる」といった考察。

体の状態や推察される死因（①の点）との整合性，身体状態や死因等から推察される外力（②の点）との整合性に関する考察

といった点である。

②は，ある程度抽象的であって，被告人がその暴行を加えたことを推認するものではないことはもちろんのこと，暴行の内容そのものも明確には推認できないことが多く，③は，被告人の特定の有形力を仮定した場合の論理性を述べているだけであって，仮定としている事実を何ら推認するものではない。このように，下流からの立証がどんなに具体的に立証できたとしても，それのみで被告人の暴行が原因で被害者が死亡したことを立証することはできず，別途，上流からの立証が必要になる。

このように，因果関係をめぐっては二つの流れを形成する証拠構造があるとともに，上流と下流の流れも密接に関連しているために，検察官が時系列に沿って因果の流れを物語として主張し，これに対して弁護人が「因果関係を争う」と述べただけでは，実質的な争点は何ら浮き彫りにならない。被告人の暴行と被害者の死亡との間に因果関係が認められるためには，被告人の暴行によって傷害が生じたこと，その傷害が死因を形成したこと，その死因によって被害者が死亡したことが立証される必要があるところ，事案によっては，弁護人が真に争うべきポイントが，被告人による暴行の存在やその具体的内容にあることもあれば，第三者による暴行や自傷行為の具体的可能性にあることもあれば，死因の判断そのものであることもある。

長期化事例においては，このような上流と下流の証拠構造についての理解が共有されず，実質的な争点が全く浮き彫りにならないまま，裁判所は，漫然と弁護人の準備を待っていたと評価せざるを得ないように思われた[157]。

3 対策

(1) 検察官が証拠構造を明らかにすること

弁護人が，因果関係を争う，又は，因果の流れのいずれかを争う意向を示した場合，検察官は，証拠構造を明らかにする必要がある。

ア 第1に，検察官は，できる限り早期に，下流の要証事実の証拠構造，すなわち，死因等の直接証拠ともいえる「専門家の判断（司法解剖の結果）」の内容を明示した証明予定事実を記載し，下流からの推認の到達点を明らかにすべきである。つまり，検察官が，下流の出発点となる「（解剖医の）専門家としての判断」の中核部分である被害者の身体の状況の認識とそこから推察される直接的死因の判断の部分（前記①）や，被害者にどのような外力又は有形力が加えられたと判断できるかということに関する考察の部分（前記②）を記載すれば，それによって，

---

[157] 裁判所としても，弁護人から「因果関係について疑問があるので，協力医の助言が必要である。」などと言われた場合に，弁護人の述べるところの「因果関係」の意味についてあまり吟味することなく，解剖医による鑑定という専門家の判断が関わっているのであるから，弁護人が他の専門家の協力を得るのも止むを得ないのではないかと考え，その前提となる要証事実の争点整理に消極的になっていたのではないかと推察される。

弁護人は，専門家の判断内容自体を争うかどうかについて，意識的な検討をすることが可能になり，裁判所としては，弁護人の争う箇所がどこにあるのか早期に見極めることができよう。

イ　第2に，検察官は，同様に，できる限り早期に，「被告人による」故意の暴行の存在をどのような証拠構造によって立証するかを明らかにし，間接事実によって立証する場合には証拠構造型の証明予定事実を記載すべきである。司法解剖をした解剖医の鑑定書では，被害者の身体の状況から，被害者の身体に作用した有形力の内容は説明できても，上流の出発点となる「被告人による」故意の暴行の存在については，下流からの因果関係の流れによっては直ちに推認は及ばない。したがって，検察官としては，どのような証拠構造によって立証するのか明らかにする必要がある。

その場合の証拠構造としては，目撃者の供述や被告人の自白といった直接証拠がある場合には直接証拠型になり，そのような直接証拠がなく，複数の間接事実を立証して総合的に推認する場合には間接証拠型になるのは，通常の証拠構造と同じである。なお，間接証拠型の一類型として，日時，場所，方法等が具体的に特定された形で暴行の立証をすることができず，身体状態や死因等から，何時頃にどのような外力が加えられたと判断できるかという専門家の判断をベースとした上で，そのような外力を加えることができるのは，被告人だけであるという消去法的な証拠構造となっている事案もある。そのような事案の場合には，検察官において，「被告人による暴行の動機・機会等があること」及び「第三者による暴行や自傷行為などの別の原因である合理的疑いがないこと」を基礎付ける具体的事実を証明予定事実として明示すべきである[158]（次頁図3）。

---

[158] 消去法的な証拠構造となっている事案で，特に，前者のような被告人が犯人であるとしても矛盾しない間接事実だけではなく，後者のような被告人が犯人でないとすれば矛盾するような間接事実も提示することが重要である。実際の事例では，公判前整理手続において，前者のような間接事実だけが提示され，これをめぐって詳細な主張や求釈明の応酬がなされた結果，的確な争点整理が行われず，長期化している例が少なくない。

【図3】

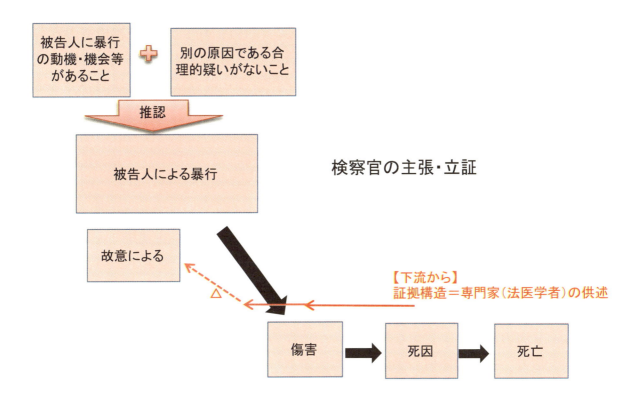

(2) **実質的な争点を踏まえた公判前整理手続の具体的な進め方**

他方で，弁護人の問題意識は，

① 被告人の加えた暴行の内容等は，検察官の主張するような強さのものではなかったから，被告人の暴行と被害者の死亡との間の因果関係には疑問がある，

② 被告人の暴行以外に，第三者による暴行や自傷行為などの別の原因があった（もしくはその可能性がある）から，被告人の暴行と被害者の死亡との間の因果関係には疑問がある，

③ 被害者には死の結果を招きかねない病気等の内在的素因が元々あり，それが原因となって死亡した可能性があるから，被告人の暴行と被害者の死亡との間の因果関係には疑問がある，

といったことにあることが多いと思われる。

このような場合は，公判前整理手続において，その問題意識が専門家の判断部分とどのような関係にあるのかを検討する必要がある。以下，場合に分けて検討する。

ア **被告人の加えた暴行の内容が問題となる事案**

弁護人が，被告人の加えた暴行の内容を争う場合（①）については，前記のとおり，被告人の加えた暴行の内容に関し，検察官が明らかにする証拠構造（前記

(1)）が争点整理の出発点になる。裁判所としても，検察官に対し，早期にその証拠構造を明らかにするように促し，間接証拠型で立証する場合には証拠構造型の証明予定事実記載書の提出を促すべきである。

その後，弁護人は，検察官が提示した証拠構造に対して，どのような争い方をするか[159]を明示することが求められる。検察官の提示した証拠構造のうちどこが争われるのか特定するとともに，弁護人が積極的に異なる事実を主張立証する場合には，その事実の存否が実質的な争点となり得る（検察官においてもそれに対する反証をする可能性がある。）からである[160]。

さらに，弁護人が，暴行の内容を争うにとどまらず，被害者の死亡には他の原因があったはずであると主張し，かつ，公判において，被害者が死亡した他の原因に関して一定程度具体的な主張をする予定の場合には，それを明示すべきであろう。ここで具体的な主張として考えられるものとしては，①第三者による暴行の可能性，②被害者の自傷行為又は事故の可能性，③被害者の病気等の内在的素因の可能性等である。弁護人がこのような具体的な主張をする場合には，検察官において反証の必要性を検討してその準備をする必要があるとともに，公判では，検察官の主張する暴行内容が認められるかどうかに加え，弁護人の主張する他の原因の有無が実質的な争点の一つとなる（この場合は後記イと同じ構造になる。）。他方，抽象的に何らかの別の原因があった可能性があるという主張にとどまる場合には，検察官の主張・立証によって，検察官の主張する暴行が認められるかど

---

[159] 例えば，検察官が，被告人の暴行を目撃していた第三者によってその内容を立証するという直接証拠型の場合には，弁護人として，その目撃証言を弾劾するだけなのか，積極的にそれと異なる事実を主張立証するのかなど。

[160] 司法解剖の結果をまとめた鑑定書に，被告人の暴行と死亡との間の因果関係が記載されている場合（検察官が被疑事実として被告人の暴行内容を特定している場合には，解剖医に対して，その被疑事実の内容となっている暴行内容と死亡との間の因果関係が認められるかどうかを尋ねることがあり，解剖医において，検察官が指摘する暴行が原因であるとして矛盾がないとの鑑定結果を鑑定書に記載することがまま見られるところである。），弁護人において，その部分の記載に不満を持ち，鑑定書を不同意とすることがある。しかし，下流である死因の直接証拠となる司法解剖の結果を記載した鑑定書からは，死因を形成した有形力の行使の主体が被告人であることを立証することはできない。また，捜査機関（又は解剖医）が他の証拠関係から想定した実行行為（暴行）と傷害の適合性に関する記載は，解剖医が他の証拠も踏まえて被告人が被疑事実のような実行行為（暴行）を加えたと仮定した場合に，その暴行の程度と死因に矛盾があるかどうかを記載している部分であり，その余の死因の判断，死因形成に至る機序の判断，身体に作用した有形力の内容についての判断といった，解剖医が遺体の状況を観察して判断した部分とは分けて考えるべき部分である。弁護人が，この点のみについて疑問を持っているのであれば，この点について別の医師の意見を聞く必要はなく，公判で，解剖医からどのように説明してもらうかを工夫すれば足りる。

被告人による暴行の内容が主たる争点となっている事案において，弁護人が鑑定書を不同意にした場合は，その趣旨を確認し，検察官に対し，弁護人の問題意識に応じた主張立証の準備をしてもらうことが重要だと思われる。

うかだけが争点になる。

したがって，弁護人が，被告人の加えた暴行の内容を争い，その暴行は検察官の主張するような強さのものではなかったから，被告人の暴行と被害者の死亡との間の因果関係には疑問があると主張する場合には，裁判所は，弁護人に対し，被害者がなぜ死亡したかについて，他の原因があるというにとどまるか，何らかの具体的な理由を主張するのか，求釈明すべきであろう。

イ　第三者による暴行又は被害者の自傷行為の存在等が問題となり得る事案

第三者による暴行や自傷行為などの別の原因の存在やその可能性が問題となる場合（前記(2)②）については，その存在やその可能性が実質的な争点になるのであって，解剖医の専門家としての判断部分それ自体が争点になることはないのが通常である[161]。基本的には，解剖医の判断した死因とその原因となった有形力の内容に関する考察を前提として，実質的な争点は，そのような有形力が，誰又は何によって，どのように加えられたのかということになるであろう。

重要なのは，実質的な争点が第三者による暴行や自傷行為などの別の原因の存在又はその可能性にあるということを早期に見極めることであるが，そのためには，まず，検察官が早期に証拠構造型の証明予定事実記載書を提出し，その中で，解剖医が判断した内容（下流からの因果の流れの出発点になるもの）と被告人の暴行内容に関する証拠構造（上流からの因果の流れの出発点になるもの）を明示することが重要である。

そして，検察官の証明予定事実記載書において，被告人の暴行の内容が具体的に特定されていれば（いわゆる上流からの流れの特定），それが，解剖医の判断した死因や有形力の内容（いわゆる下流からの流れ）との間に矛盾がないかどうかを考えることになろうが（上流からの流れと下流からの流れとの整合性），通常，解剖医が判断した因果の流れで被害者が死亡するのは不自然ではないという程度の関係があることが多いであろう。そのような場合には，特段の事情がない限り，因果関係が認められることになるであろうから，弁護人において，第三者による暴行や自傷行為などの別の原因の存在又はその可能性に関し，できる限り具体的

---

[161]「解剖医の専門家としての判断」に問題があるかどうかを見極めていくに当たっては，法医学という自然科学の分野に関する問題である限り，被害者の遺体の状態に関する観察や医学上の自然科学の原理自体が，法医学者によって異なるということは本来，少ないはずではないかということを踏まえておく必要があるであろう。ただし，科学的に新しい原理に基づく証拠を含んでいるような法医学の見解である場合には，公判前整理手続において，科学的証拠の信頼性に関し，検査・技法の基礎となる科学的原理や実用化のための理論・技術を含め，当該検査・判定方法の信頼性に重大な欠陥や大きな疑問があるとはいえないことをチェックする必要がある（黒﨑久仁彦ほか「科学的証拠とこれを用いた裁判の在り方」司法研究報告書第64輯第2号70頁参照）。

な主張をすることが求められるであろう（図4）[162][163]。

【図4】

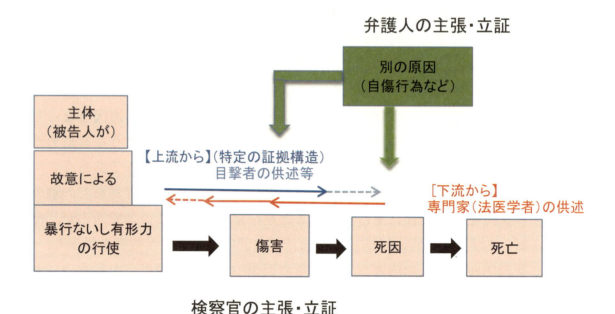

　もっとも，第三者による暴行があったことが明らかである場合には，検察官において，証拠構造型の証明予定事実を記載する段階で，第三者の暴行の存在をも踏まえた上でも，その暴行が死因に影響していないことなど，被告人の暴行と死因との間に因果関係があるといえる具体的な事実関係を主張するべきである（次頁図5）。

162　なお，第三者の行為や被害者の自傷行為の内容が具体的に主張されたことによって，被告人の行為と結果との因果関係に関する問題点がより明確・具体化されたときに，改めて，専門家の判断を求める必要が生じることもある。その際も，そのような前提があった場合における自然科学上の原理に基づく見解が必要とされるのであって，医者ごとにその見解が異なることは少ないと考えられるから，まずは，被害者の身体状態を直接観察した解剖医に意見を聞くのが合理的であると考えられる。
163　もちろん，できる限り具体的な主張とは言っても，第三者を具体的に特定すべきという意味ではなく，合理的疑いを抱かせるに足りる程度に具体的な可能性を明示すべきという意味である。

【図5】

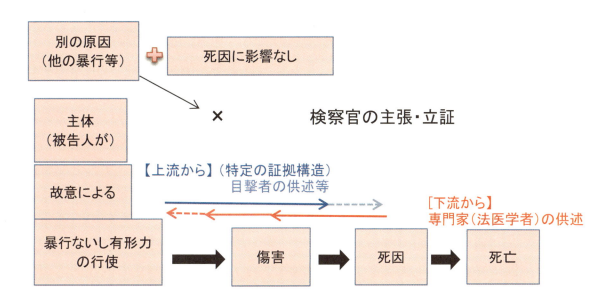

　他方，被告人の暴行の内容について具体的に特定できず，消去法的な立証をせざるをえない場合は，図3のとおり，検察官において，別の原因が考えられないことを主張する必要があるであろう。

ウ　被害者の病気等の内在的素因の有無及びその影響等が実質的な争点と考えられる場合

　被害者の病気等の内在的素因の有無及びその影響等が実質的な争点となり得る場合（前記(2)③）[164]には，大きく分ければ，解剖所見等で被害者の内在的素因が判明しており，鑑定医においてその素因をも考慮に入れて死因や因果関係等を判断しているケースと，解剖所見等では被害者の内在的素因が判明しておらず，鑑定医においてその素因を考慮していないケースとがある。

　前者の場合に弁護人がその判断を争う意向を示すときには，専門家の判断の正

---

[164] そもそも，弁護人において，被害者の病気等の内在的素因の可能性に関する主張をするかどうかを検討する上で，解剖医の判断が正しいかどうかを確認したいということもあると思われる。その場合には，疑問点等があれば，まずは，解剖をしたその医師に直接確認するのが効果的かつ効率的である。なぜなら，解剖医の判断は，自然科学に基づいた判断であり，通常の事件であれば，法医学者ごとに考え方が異なるということはかなり少ないはずであるし，別の協力医の意見を求めても，被害者の身体の状態等については，解剖医等が撮影した写真等で二次的に判断せざるを得ず，解剖医に直接質問する場合と比較すると，一定の限界があると考えられるからである。公判前整理手続の早期の段階で，解剖医の判断に疑問がある場合には，検察官の協力を得て，弁護人が解剖医に疑問点を確認できるようにしておくべきである。また，解剖医は専門家証人であるから，弁護人が接触することによって捜査段階と説明内容が変わるということも考え難いし，その危惧があるというのであれば検察官が立ち会うことなどを検討すればよい。

しさが争点となることもあろうが，実際に弁護人が争いたいポイントは，被害者の病気等の内在的素因は，生存時の症状等の正確な把握に基づくものであるべきであるにもかかわらず，解剖所見にその全てが現れるわけではないから，弁護人の考える深刻な生存時の真の病状（例えば，被害者が通院していた臨床医の診断内容や被害直前の症状等）を前提にすれば，異なる判断になるのではないかということであることも多いように思われる。他方，後者の場合に弁護人がその判断を争う意向を示すときには，そもそも被害者に病気等の内在的素因が存在していたか，またその状態が問題となる。

したがって，第一に争点及び証拠の整理の対象とすべきは，前者の場合であれば病気等の内在的素因の把握の正確性，後者の場合であれば病気等の内在的素因の存否及びその内容であるが，これらの点については，いずれも臨床医の客観的診断内容や家族の観察等に基づき，どのような状態であったかということを判断するものであって，臨床としての医学的判断が関係するものの，通常の事実認定と共通する側面が多い。その上で，第二に争点及び証拠の整理の対象とすべきは，仮に弁護人の主張するような状態であったとすれば，その内在的素因の存在は死亡に至る機序にどのような影響を与えるかであるが，その点については，解剖医にその意見を聞くのが合理的であろう（図6参照）。

【図6】

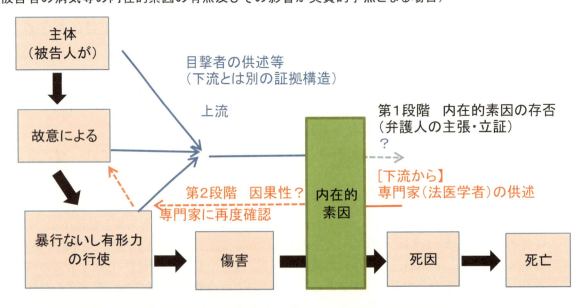

もちろん，解剖医の判断内容が誤っているという場合もあり得ないではないが，弁護人がそのような疑いを抱いた場合，直ちに私的鑑定をするのは相当ではない。解剖時の状況に関する資料が不足し，正確な判断がされないおそれがあるからである。弁護人としては，まずは，専門家としての公正さや能力に関する疑いや判

断の前提条件に問題があるかどうかを検討すべきであり，それらの点に疑いを生じさせるような事情があれば，その点を主張して，50条鑑定の請求をするのが相当であろう。その後の進行に関しては，第4「被告人の精神症状が問題となる事案の争点及び証拠の整理」の内容と基本的には同じであろう。

平成27年度司法研究題目及び司法研究員等氏名

第69輯　第1号

裁判員裁判において公判準備に困難を来した事件に関する実証的研究

協力研究員
　　東京大学大学院法学政治学研究科教授
　　　　　　　　　　　　　　　　　川　出　敏　裕
研　究　員
　　広島家庭裁判所所長判事　　　吉　村　典　晃
　　（委嘱時　千葉地方裁判所判事）
　　前 橋 地 方 裁 判 所 判 事　　　國　井　恒　志
　　（委嘱時　横浜地方裁判所判事）
　　さいたま地方裁判所判事　　　新　井　紅亜礼
　　（委嘱時　東京地方裁判所判事）

裁判員裁判において公判準備に困難を来した事件に関する実証的研究	書籍番号　30-07

平成30年12月10日　第 1 版第 1 刷発行
平成31年 3 月25日　第 1 版第 2 刷発行

　　　　　編　集　司　法　研　修　所
　　　　　発行人　門　田　友　昌
　発行所　一般財団法人　法　曹　会
　　　　　〒100-0013　東京都千代田区霞が関 1 - 1 - 1
　　　　　　　　　　　振替口座　00120-0-15670
　　　　　　　　　　　電　話　03-3581-2146
　　　　　　　　　　　http://www.hosokai.or.jp/

落丁・乱丁はお取替えいたします。　　　　印刷製本／中和印刷㈱

ISBN 978-4-86684-001-7